权威·前沿·原创

皮书系列为
"十二五""十三五""十四五"时期国家重点出版物出版专项规划项目

BLUE BOOK

智库成果出版与传播平台

工业和信息化蓝皮书
BLUE BOOK OF INDUSTRY AND INFORMATIZATION

新兴产业发展报告
（2023~2024）

ANNUAL REPORT ON THE DEVELOPMENT OF
EMERGING INDUSTRY (2023-2024)

组织编写／国家工业信息安全发展研究中心
主　　编／蒋　艳

社会科学文献出版社
SOCIAL SCIENCES ACADEMIC PRESS (CHINA)

图书在版编目(CIP)数据

新兴产业发展报告 . 2023~2024 / 蒋艳主编 .
北京：社会科学文献出版社，2024.8（2024.12 重印）. --（工业和信息化蓝皮书）. --ISBN 978-7-5228-3846-5

Ⅰ . F279.244.4
中国国家版本馆 CIP 数据核字第 2024B1S818 号

工业和信息化蓝皮书
新兴产业发展报告（2023~2024）

组织编写 / 国家工业信息安全发展研究中心
主　　编 / 蒋　艳

出 版 人 / 冀祥德
责任编辑 / 宋　静
文稿编辑 / 秦　丹
责任印制 / 王京美

出　　版 / 社会科学文献出版社·皮书分社（010）59367127
　　　　　 地址：北京市北三环中路甲 29 号院华龙大厦　邮编：100029
　　　　　 网址：www.ssap.com.cn
发　　行 / 社会科学文献出版社（010）59367028
印　　装 / 天津千鹤文化传播有限公司

规　　格 / 开本：787mm×1092mm　1/16
　　　　　 印 张：10.5　字 数：131 千字
版　　次 / 2024 年 8 月第 1 版　2024 年 12 月第 2 次印刷
书　　号 / ISBN 978-7-5228-3846-5
定　　价 / 158.00 元

读者服务电话：4008918866

▲ 版权所有 翻印必究

工业和信息化蓝皮书
编委会

主　任　蒋　艳

副主任　周　健　吴铁男　何小龙　谢雨琦　黄　鹏
　　　　　周　平　廖　凯

编　委　李　强　夏万利　马冬妍　陶　炜　陈正坤
　　　　　潘　妍　李　卫　宋艳飞　高　玮　刘浩波

《新兴产业发展报告（2023～2024）》
编 写 组

课题编写 国家工业信息安全发展研究中心工业经济所

组　　长 黄　鹏

副 组 长 夏万利

编写人员 李　彬　毛紫君　孙飞红　李　阳　顾　爽
　　　　　　蒋宏亮　李宁宁　吴洪振　陈　健　宋晓晶
　　　　　　高　帅　黄馨仪　马冬雪　马文君　王　鹏
　　　　　　任建宇　郑　晖

主编简介

蒋 艳 国家工业信息安全发展研究中心主任、党委副书记，正高级工程师，中国电子质量管理协会理事长，工业和信息化部电子科学技术委员会常委、工控安全组组长。致力于工业信息安全、关键软件、制造业数字化转型等领域政策研究、标准研制、产业咨询、技术创新及行业管理工作，主要研究方向包括国家工业和信息化的战略布局、产业规划、政策标准等，牵头组织支撑编制和推动实施《"十四五"软件和信息技术服务业发展规划》《工业领域数据安全能力提升实施方案（2024—2026年）》《工业控制系统网络安全防护指南》等多项政策文件，主持完成多项省部级重大专项或研究课题，公开发表（出版）学术论文和著作30余篇（部）。

国家工业信息安全发展研究中心简介

国家工业信息安全发展研究中心（工业和信息化部电子第一研究所）成立于1959年，是工业和信息化部直属事业单位，是我国工业信息安全领域重要的服务保障机构。

经过60余年的发展与积淀，中心拥有2个国家质检中心、6个工业和信息化部重点实验室，具有等保测评、商用密码安全性评估、信息安全风险评估、电子数据司法鉴定、软件测试等资质。牵头（或参与）承担了上百项国家重点研发计划、工业转型升级专项、制造业高质量发展专项、基础科研重大工程等重大专项，形成了工业信息安全综合保障、关键软件生态促进服务、制造业数字化转型服务三大业务体系，提供智库咨询、技术研发、检验检测、试验验证、评估评价、知识产权、数据资源等公共服务，并长期承担声像采集制作、档案文献、工程建设、年鉴出版等管理支撑工作。

新时期，中心将坚持以习近平新时代中国特色社会主义思想为指导，深入贯彻总体国家安全观，统筹发展和安全，聚焦主责主业，突出特色，以加快推进新型工业化为主线，围绕强化对部支撑保障、服务行业企业发展两项使命任务，聚焦工业信息安全、关键软件、制造业数字化转型三个重点领域，持续提升安全保障、转型服务、生态促进、决策支撑四种核心能力，加快建设一流的国家工业信息安全服务保障机构，为服务产业科技高水平安全、护航新型工业化高质量发展作出新的更大贡献。

公众号：国家工业信息安全发展研究中心

序

当前，新一轮科技革命和产业变革突飞猛进，全球科技创新空前密集活跃，5G、人工智能、互联网、大数据等新兴技术加速突破应用，带动相关传统技术交叉融合、迭代创新，催生一批具有重大影响力的新产业新业态。世界各国纷纷加强前瞻性战略布局，加大数字经济、先进制造、产业链供应链等领域发展的政策支持力度，竞争相关领域技术标准、经贸规则制定的主导权。全球产业发展和分工格局面临深刻调整，单边主义、保护主义势头明显上升，产业链重组、供应链重构、价值链重塑不断深化，加之受地区冲突影响，世界产业链供应链稳定受到冲击。

我国制造业规模已连续14年居世界首位，工业发展正处于由大变强的重要关口。2023年9月，习近平总书记就推进新型工业化作出重要指示，强调"把高质量发展的要求贯穿新型工业化全过程，把建设制造强国同发展数字经济、产业信息化等有机结合"。2024年1月31日，习近平总书记在主持中共中央政治局第十一次集体学习时强调，"发展新质生产力是推动高质量发展的内在要求和重要着力点"。这为我国加快发展新质生产力、深入推进新型工业化指明了方向，提供了根本遵循。我国具有工业体系完整、产业规模庞大、应用场景丰富等优势，数字经济规模位居全球第二，深入推进新型工业化，加快人工智能赋能，将有力推动制造业智能化转型、高水平赋能工业制造体系，促进我国产业从中低端迈向中高端。

自 5G 首次发牌起，我国 5G 商用至今已满 5 年。我国 5G 基站数、用户数、用户渗透率领跑全球，移动宽带平均下载速率已超越固定宽带，5G 创造的赋能价值得到了社会的高度认可。截至 2024 年 6 月，我国 5G 基站总数达 391.7 万个，占全网的 33%，占全球的 60.0%；5G 移动电话用户达 9.27 亿户，占全网的 52.4%，占全球的 50.8%；5G 峰值与均值下载速率为 4G 的 7 倍，上行速率为 4G 的 3 倍；据 Speedtext 数据，我国的移动通信平均下载速率居全球第 7 位。5G 应用在制造业、矿业、电力、医疗等领域实现规模复制，直接带动经济总产出约 5.6 万亿元，间接带动总产出约 14 万亿元，有力地促进了经济社会高质量发展。现在以 5G-A 为代表的 5G 发展下半场已经开始，创新仍然是产学研各界面对的共同命题，需要在智能化、宽带化、轻量化、主动适配等方面积极开展技术和应用创新，深化与实体经济的结合。

人工智能正以前所未有的速度和规模发展，大模型、AIGC 成为全球数字经济发展的热点。各类科技大公司、创新型公司展开投入竞赛，我国以百度、华为、阿里等为代表的数字企业加大人工智能大模型开发力度，创新应用不断迭代升级。截至 2024 年 6 月底，我国已经完成备案并上线能为公众提供服务的生成式人工智能大模型已达 180 余个，注册用户已突破 5.64 亿。2024 年将发力 AI 的垂直行业应用，我们将看到越来越多的创新应用场景和产品形态涌现，这对于推动我国人工智能产业快速、持续、健康发展具有非常重要的作用。截至 2024 年第一季度，我国人工智能企业数量超过 4500 家，工业机器人、工业软件等数字产品和服务能力不断提升，为人工智能赋能新型工业化奠定了良好基础。

大模型的快速发展离不开高质量数据的支持，同时也是数据价值的体现。《全国数据资源调查报告（2023 年）》显示，2023 年，全国数据生产总量达到 32.85 泽字节（ZB），同比增长

22.44%；数据存储方面，我国累计数据存储总量为1.73ZB，存储空间利用率为59%。预计2024年，数据生产量增长将超过25%，数据存储能力也将随硬件技术的升级迭代和降本而快速提升，数据规模优势将进一步扩大。党中央决策部署组建国家数据局，负责协调推进数据基础制度建设，统筹数据资源整合共享和开发利用，统筹推进数字中国、数字经济、数字社会规划和建设等，将有力促进数据要素技术创新、开发利用和有效治理，以数据强国支撑数字中国建设。

大模型的全球爆发，带动了算力需求的快速增长，我国已经成为全球的算力大国。"东数西算"工程8个国家算力枢纽节点暨十大数据中心集群建设提速，建设超过180条干线光缆，骨干网互联带宽扩容到40T，全国算力枢纽节点20ms时延圈已经覆盖了全国主要城市。截至2023年底，我国在用数据中心机架总规模超过810万标准机架，算力总规模达到了230EFLOPS，即每秒230百亿亿次浮点运算，位居全球第二，同比增长约30%。其中，智能算力规模达到了70EFLOPS，在所有算力中的占比提高到约30%，增速超过70%。随着人工智能训练需求的高涨，各行业各领域对智能算力的需求日趋强烈，算力在短期内虽然会出现难以满足需求的情况，但会随应用需求加速调整布局，提高算力利用率。

应用方面，以大模型为代表的人工智能发展正加速与制造业深度融合，深刻改变制造业生产模式和经济形态，展现出强大的赋能效应。截至2023年底，全国工业企业关键工序数控化率和数字化研发设计工具普及率分别达到62.2%和79.6%。工业互联网融入49个国民经济大类，覆盖全部工业大类，深入制造业研、产、供、销、服等各环节。培育国家级智能制造示范工厂421家、省级数字化车间和智能工厂万余家，人工智能等技术在90%以上的示范工厂得到应用，有效带动传统产业转型升级。当前市场以基础大模型为主，通识能力强，但缺少行业专业知识。如何将大模型融入千行百业，是下一阶段的发展重点，也将为工业、金融、广电等行业数字化转型和高质量发展带来新动能。

绿色低碳是新型工业化的生态底色，也是当今世界科技革命和产业变革的方向。我国绿色低碳转型扎实推进，工业绿色化发展取得新成效，钢铁和有色金属等传统行业规上工业单位增加值能耗继续下降，乙烯等行业达到能效标杆水平的产能比例已经超过30%。信息基础设施能效也不断优化，截至2023年底，累计培育196家绿色数据中心。绿色动能加快释放，累计培育绿色工厂5095家、绿色工业园区371家、绿色供应链管理企业605家。汽车来到新能源时代，国产品牌的新能源车率先利用数字技术在平价车型上提供智驾等配置，显著提升国产新能源车的竞争力。2024年上半年，新能源汽车产销同比分别增长30.1%和32.0%，市场占有率达到35.2%。智能网联系统在汽车产业内的装配率预计将在2025年达到83%的水平，年均复合增长率为16.1%，与新能源车相辅相成。

2024年是实现"十四五"规划目标任务的关键一年，也是全面落实全国新型工业化推进大会部署的重要一年。党的二十届三中全会决定指出，"促进各类先进生产要素向发展新质生产力集聚"。工业和信息化领域是实体经济的重点，更是数字经济和实体经济融合发展的主战场。值此之际，国家工业信息安全发展研究中心推出2023~2024年度"工业和信息化蓝皮书"，深入分析研判数字经济、人工智能、新兴产业、数字化转型、工业绿色低碳、软件产业、中小企业发展等重点领域的最新态势和发展趋势。相信读者能从蓝皮书新颖的观点、深入的分析、翔实的数据和丰富的案例中有所收获，更全面地理解和把握当前工业和信息化领域的发展形势、机遇和挑战，持续推动新质生产力发展取得新进展、新突破,加快建设制造强国和网络强国,不断开创新型工业化发展新局面。

是为序。

摘　要

2023年，新一轮科技革命和产业变革继续向纵深推进，人工智能、大数据、云计算、物联网等新兴技术持续引领着经济发展方向，新兴产业发展势头强劲。本报告从总体和分类别视角对新兴产业展开系统研究，主要分为总报告、产业篇、区域篇、国际篇和政策篇五个部分。

总报告分析了2023年以来全球及我国新兴产业发展态势。当前，我国新兴产业仍面临自主创新能力不足、国际竞争力不强、与其他产业融合度不高等问题。展望未来，科技革命和产业变革为我国带来新的发展机遇，新兴产业发展内生动力将持续增强，新兴产业对产业体系优化升级的引领作用将进一步提升。

产业篇分为重点新兴产业领域研究和制造业产业链迁移评价指标体系研究两部分，旨在为探究细分产业的发展现状提供有价值的参考。一是选取新能源、新材料、新能源汽车、智能网联汽车、工业机器人、生物制造、商业航天、低空经济八大新兴产业重点领域，系统分析了产业发展现状和问题。研究表明，培育壮大新兴产业应从提升科技创新能力和成果转化能力、加强场景应用市场推广、加快新型基础设施建设和加强国际科技交流合作等方面发力。二是分析我国制造业产业链迁移的原因、动向与影响，构建制造业产业链迁移评价指标体系。在这一框架下，可全面评估中国制造业外迁情况与风险，将制造业迁移动向、迁移影响和迁移风险确定为一级指标，具体包括龙头企业投资意愿、美国制造业回流指数等13项指标。

区域篇选取河北省为研究对象，分析了新材料产业发展现状及存在的问题，并提出对策建议。分析表明，河北省作为原材料大省，新材料产业规模逐年增加，但仍存在技术创新能力弱、高水平人才缺乏、未形成专业化园区等问题。本报告从优化新材料产业布局，加快专业人才队伍建设、完善产业生态并打造专业化园区三个方面提出对策建议。

国际篇分析了2023年越南和墨西哥两国吸引国际制造业迁移的现状和趋势。关于越南的研究表明，2023年以来，中国电子信息和光伏企业加速在越南布局，越南吸引国际投资的趋势不减，越南出口欧美的贸易订单量有所下降。为有效应对制造业迁移，我国应深化中越制造业产业链供应链合作，加强对国际制造业迁移动态的追踪，并积极开展多边国际合作。关于墨西哥的研究表明，美国扶持墨西哥发展制造业友岸外包，已经对我国的"贸易出口、国际竞争、企业外迁"造成了较大冲击。我国应把握中墨贸易动向，深耕亚欧市场，聚焦重点领域协同优化国内外产业布局。

政策篇分析了2023年以来美国、欧盟、日本、韩国、印度、墨西哥等国家或地区产业链供应链政策的新特点和新趋势，我国应从加快科技创新和成果转化、加强多边国际合作和交流、加大对外向型企业的服务保障力度三方面协同发力应对新变化。

关键词： 新兴产业　产业链　国际制造业

目 录

Ⅰ 总报告

B.1 2023年全球和中国新兴产业发展态势
………………………………………… 孙飞红 常洪旺 / 001

Ⅱ 产业篇

B.2 新兴产业八大重点领域发展态势和对策研究
………………………………………… 毛紫君 孙飞红 / 020
B.3 制造业产业链迁移评价指标体系研究
………………………………… 李 彬 白雅洁 蒋宏亮 / 036

Ⅲ 区域篇

B.4 河北省新材料产业发展路径研究
……………… 刘 曼 姚雪敏 李芳芳 文景欣 毛紫君 / 049

Ⅳ 国际篇

B.5 越南吸引国际制造业迁移的现状和趋势研判…… 毛紫君 / 069

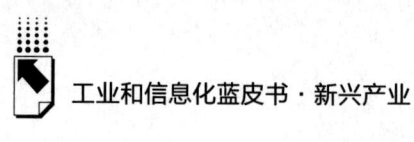

B.6 墨西哥吸引国际制造业迁移的现状和趋势研判
　　……………………………………………… 顾　爽 / 078

V　政策篇

B.7 全球主要经济体新兴产业发展政策动向
　　……………………………… 李　阳　顾　爽　蒋宏亮 / 083

附录一
2023年新兴产业指数 …………………………………… / 091

附录二
2023年新兴产业TOP企业 ……………………………… / 097

附录三
新兴产业未来前沿方向 ………………………………… / 112

Abstract ………………………………………………… / 130
Contents ………………………………………………… / 133

皮书数据库阅读**使用指南**

总报告

B.1 2023年全球和中国新兴产业发展态势

孙飞红 常洪旺[*]

摘　要： 2023年全球新兴产业展现出空前活力，颠覆性技术加速新一轮科技革命进程，新兴产业全球化竞争日趋激烈，各国科技创新激励政策频出，绿色低碳发展推进新兴产业生态加快重塑。中国新兴产业同样发展势头强劲，新兴产业产值在经济中占比逐步提高，新产品、新业态、新模式竞相涌现，新兴产业"四链融合"程度不断加深，但仍面临自主创新能力不足、应用场景建设滞后、产业融合度不高等问题。未来应加速科技革命与产业变革，推进新型工业化，以生物制造、商业航天、低空经济等产业为发展重点，广泛应用数智技术、绿色技术，加快传统产业转型升级。

关键词： 新兴产业　科技创新政策　科技革命

---

[*] 孙飞红，博士，国家工业信息安全发展研究中心工业经济所工程师，研究方向为新兴产业、数字经济；常洪旺，博士，国家工业信息安全发展研究中心工业经济所，研究方向为新兴产业、产业政策等。

一 全球新兴产业发展现状

2023年，全球及中国新兴产业呈现蓬勃发展的态势，这既是科技进步的必然产物，也是政策扶持的结果。在全球范围内，新一代信息技术产业，如人工智能、大数据、云计算、物联网等，持续引领着科技革命和产业变革的新方向。这些技术不仅深刻改变了人们的生活方式，还为各行业的发展注入了新的活力，大幅提升了生产效率。与此同时，绿色与可持续发展产业，如清洁能源、生物科技、新材料等产业的发展不仅有助于应对全球气候变化等环境问题，更为经济发展注入了新的动力。

（一）颠覆性技术加速全球新一轮科技革命进程

随着先进半导体、人工智能、新一代通信、量子计算等新兴技术的迅速发展，人类社会正经历着生产方式、生产关系、经济结构以及生活方式的深刻变革。这些技术的迅猛发展不仅推动了生产力的提高，更在深层次改变了社会生产关系的格局，促进了经济结构的优化升级，并深刻影响着人们的生活方式。这一变革趋势将持续深化，为人类社会的发展注入强大动力。如量子科技极大地推动了信息、能源、材料等产业的发展，并有望在密码破译、药物研发、天气预报等领域发挥重要作用。ChatGPT在自然语言处理领域实现了革命性突破，掀起了新一轮人工智能发展浪潮。生物技术与人工智能、自动化和大数据不断加速融合，引领生物制造从认识和改造生物，向设计和创造生物跨越。世界主要经济体正关注着新兴产业重点领域的发展，如表1所示。

表1 2023年世界主要经济体重点关注的新兴产业领域

国家	领域
美国	能源环境、量子技术、通信和网络技术、人工智能、生物技术等领域
德国	量子技术、人工智能等基础科学研究及关键领域
英国	人工智能、工程生物学、未来通信、半导体、量子技术、无线领域以及高风险、高回报的前沿领域
法国	低碳航空交通等低碳领域以及基础科学研究等领域
日本	宇宙空间、海洋、低碳等未来产业
韩国	网络安保、人工智能、量子、半导体、显示技术、动力电池、尖端移动设备、新一代原子能、尖端生物、航空宇宙、海洋、氢能、智能出行、尖端机器人制造等领域
俄罗斯	人工智能、大数据存储和分析技术、虚拟和增强现实技术、量子领域、现代移动通信网络、储能系统和氢能、机器人和机电一体化组件技术、微电子和光子学、新材料、仿生工程、基因技术等领域

资料来源：根据公开资料不完全统计。

（二）新兴产业全球化竞争日趋激烈

国际数据公司（IDC）的数据显示，全球人工智能市场在2022~2026年预计实现18.6%的年复合增长率，2023年总投资规模将突破5000亿美元，到2026年有望达到9000亿美元。量子计算市场预计到2030年总投资规模将达到140.1亿美元，到2035年预计将达到489.7亿美元；全球AR/VR市场总投资规模预计从2021年的146.7亿美元增长至2026年的747.3亿美元。其中，中国市场5年复合增长率预计将达43.8%，增速位列全球第一；2026年总投资规模将增至130.8亿美元，成为全球第二大单一国家市场。波音公司预测，2023~2042年全球新增民用飞机需求量将达到42595架，总价值8万亿美元。日本、德国和美国在高端机床领域占据主导地位；随着老龄化加剧以及收入的增加和健康意识的增强，医疗装备市场需求将快速增长，发达国家积极推动医疗装备智能化和数字化，新兴国家则抢占未来医疗装备制造业的巨大市场；发达国家的大型跨国公司在新材料领域占据全球市场垄断地位；随着燃料电池汽车的市场规模不断扩大，全球科技巨头、汽车零部件供应商、整车厂商都在加快国际产能布局，在海外投资建厂并进行品牌收购合资合作，抢占新能源汽车全球市场。

（三）各国科技创新激励政策频出

全球科技创新正处于一个多元化、全面爆发的新阶段，不断涌现的颠覆性技术正在催生新的产业和商业模式，给传统的生产和生活方式带来了前所未有的冲击。在这种发展趋势下，世界主要经济体已经把推动新兴产业发展提升到了国家或地区战略的高度，尤其重视提升原始创新能力，特别是从"0"到"1"的突破，紧盯颠覆性创新机遇，持续加大对前沿科技的研发投入。

美国制定多项科技政策，促进量子技术、生物燃料、数字技术等领域的发展。英国接连发布重要科技战略，在5G、6G、量子技术、人工智能等领域发力，拟打造"科技超级大国"。德国发布多项战略计划，以促进相关前沿和尖端技术领域的发展。法国制定了一系列政策，支持本土绿色技术的研发。日本制定了促进核能和空间探索领域发展的政策。韩国组建了"国家战略技术特别委员会"，以促进人工智能和半导体等产业的发展。俄罗斯制定了一系列科技政策，以确保该国实现技术主权。2023年世界主要经济体科技政策的推行情况如表2所示。

表2　2023年世界主要经济体鼓励科技创新的具体措施和法案

国家	措施	目的
美国	制定多项资助计划	支持生物燃料、清洁氢能和碳捕集利用与封存技术的研发等
	《国家网络安全战略》	形成可防御、有弹性的数字生态系统
	《关键和新兴技术（CET）国家标准战略》	旨在通过量子技术提升网络安全，建设世界上第一个可操作的量子增强网络

续表

国家	措施	目的
英国	《科学技术框架》	旨在10年内使英国成为世界科技强国
	《无线基础设施战略》	到2030年,将5G SA网络覆盖范围扩大,以促进无人驾驶汽车等各种新兴技术发展
	创立"先进研究与发明机构"	旨在为高风险、高回报的前沿研究提供资金支持
	成立"科学、创新和技术部"	将未来量子、人工智能、工程生物、半导体、未来电信、生命科学和绿色技术整合到一个部门,旨在促进新兴产业融合发展
	推出"研究风险催化剂"基金	引导私人和慈善机构为英国前沿基础研究提供支持
德国	《未来研究与创新战略》	加强从研究到应用的转化
	《跨越式创新自由法案》	改善德国跨越式创新条件,促进更多跨越式创新
	《量子技术行动计划》	使德国成为量子技术的世界领导者
	《人工智能行动计划》	提高德国人工智能水平
法国	制定了一系列投资计划	旨在加快发展下一代零排放飞机
	制定宣布了一系列生态规划	旨在支持能源转型,并增强国际竞争力
	设立"总统科学委员会"	使总统能够获得研究人员对某些科学优先事项的实时意见和反馈
日本	《实现面向未来投资的经济对策》	旨在支持未来产业的基础研究
	《统合创新战略2023》	使日本成为国际研发活动的引领者
	"太空安全保障构想"	实现"航天大国"目标
	推出绿色增长战略	促进日本低碳经济发展

续表

国家	措施	目的
韩国	《关键战略技术清单》	培育具有强大竞争力的企业
	《量子科学技术战略》	计划到2035年实现自主研发量子计算机;由互联网强国迈向量子网络强国;抢占全球市场等三大政策目标
	《以任务为导向的国家战略技术路线图》	为战略产业提供强有力支持,以促进其产业发展
俄罗斯	《2030年前技术发展构想》	确保俄罗斯实现经济独立和拥有技术主权

资料来源:根据公开资料不完全统计。

世界主要经济体通过面向STEM(科学、技术、工程和数学)后备人才和新兴人才培养、前沿技术研发和应用场景创新、新兴领域基础制度的建设、超前部署新型基础设施建设等措施,以更好地适应科技与产业发展的新需求。2023年世界主要经济体在人才政策、场景创新、基础制度以及新型基础设施方面的支撑政策如表3所示。

表3　2023年世界主要经济体出台的新兴产业支撑政策

类别	国家	支持政策
人才政策	美国	美国加强STEM教育的顶层设计与规划,2023年美国科学促进会正式成立第一个跨领域、多学科、重交叉的工作组,以促进STEM人才教育培训
	德国	2023年6月,德国修订《学术期限雇佣合同法》,改善学术领域的工作条件
	日本	2023年3月,日本发布《确保科研人员专注研究的综合政策》,优化科研环境,支持人才发展
	韩国	2023年2月,韩国通过《科学英才发掘培育战略》,加强前沿科技人才培养

续表

类别	国家	支撑政策
场景创新	美国	美国2021年发布《自动驾驶汽车综合计划》，通过监管新规放开对场景应用的限制，并对自动驾驶系统的应用场景进行定义
	英国	在首个国家氢能战略中为氢能运用规划了四个主要场景，即工业生产的原料和燃料、电力行业的脱碳、建筑行业的供暖和生活燃料以及在交通领域的运用
基础制度	美国	2023年8月，美国科技政策办公室和管理与预算办公室联合发布《2025财年联邦研发优先领域备忘录》，以提高美国在创新技术研究方面的竞争力
新型基础设施	英国	英国增加国家生产力投资基金，用于建设充电基础设施、5G技术等
	德国	德国发布《联邦政府数据战略》，加强数字化基础设施建设，创新数据使用，提高数据技能并建立数据文化，加快数字化转型
	美国	2023年5月，美国发布《国家人工智能研发战略规划》，提出开发用于人工智能训练和测试的共享公共数据集

资料来源：根据公开资料不完全统计。

（四）绿色低碳发展推进新兴产业生态加快重塑

《2023全球碳中和年度进展报告》显示，截至2023年9月，全球已有150多个国家承诺"碳中和"。2023年以来，绿色制造成为制造业发展的新趋势，信息技术与传统产业融合，助力节能降碳。5G网络向绿色低碳发展，生物技术为减碳和应对气候变化提供更多解决方案。汽车产业向电动化转型，推动产业重塑。新能源、清洁生产和资源循环利用技术推动社会经济和环保产业发展。

二 中国新兴产业发展现状

中国新兴产业发展同样势头强劲，新兴产业产值在经济中的占比逐步提高，新兴产业企业规模不断壮大，新产品、新业态、新模式竞相涌现，新兴产业"四链融合"程度不断加深。

（一）新兴产业产值在经济中占比逐步提高

工业和信息化部数据显示，截至2023年9月，中国战略性新兴产业企业总数已超200万家，主要涉及生物产业、相关服务业和新一代信息技术产业等。宏观经济指标显示，2023年，装备制造业增加值增长6.8%，高技术制造业增加值增长2.7%。

2023年，战略性新兴服务业企业营业收入增长7.7%，高技术产业投资增长10.3%。"新三样"（电动载人汽车、锂离子蓄电池、太阳能电池）出口突破万亿元大关，同比增长29.9%。中国光伏组件产量连续16年居全球首位，占全球产量80%以上。此外，2023年，我国出口机电产品同比增长2.9%，占出口总值的58.6%。新兴产业产业链融合方面，以国产大飞机为例，万亿元级大飞机产业链蓄势待发，同时，新技术、新成果也将促进航空制造业发展。

新能源汽车、工业机器人和新材料产业的产量均有所增长。新能源汽车方面，我国新能源汽车生产总量已突破2000万辆，年产销均突破百万辆，全球市场占有率达34.5%；2023年出口177.3万辆，增长67.1%，标志着中国新能源汽车正迈入规模化、全球化的高质量发展新阶段。工业机器人方面，国际机器人联合会报告显示，中国机器人安装量占全球的52%，运行存量突破150万台。新材料产业方面，2023年前三季度新材料产业总产值超过5万亿元，预计2025年产业规模有望突破11万亿元。

综上所述，新兴产业的发展已成为推动产业结构转型升级、引领中国经济高质量发展的重要动力源。

（二）新产品、新业态、新模式竞相涌现

1.新兴产业重点领域发展成效突出

工业和信息化部数据显示，2023年我国战略性新兴产业占GDP比重超过13%，人工智能、物联网、区块链、量子计算、数字孪生等新兴技术快速发展，涌现了一批智能制造、自动驾驶、互联网医疗、共享生产、产业平台、虚拟产业园和产业集群、数据要素流通等新业态和新模式，"5G+工业互联网"、增材制造、区块链、5G基站等应用场景开发提速。装备制造业、新材料、绿色环保、新能源、船舶与海洋工程装备等产业已形成超万亿元级市场规模，新兴产业不断发展壮大。新一代信息技术领域，5G通信、芯片等高端产品竞争力持续提升，涌现了以华为、用友、麒麟、达梦为代表的行业龙头企业，培育细分领域国家级专精特新"小巨人"企业1500家。高端装备制造领域，以航天动力、航天科技、振华重工、华中数控等企业为代表，我国在轨道交通、航空装备领域全球竞争优势明显。新能源汽车领域，我国新能源汽车销量占全球比重超过60%，培育上海汽车、蔚来、比亚迪、小鹏汽车等重点企业近300家。

2.向前瞻性新兴产业集中成为趋势

工业和信息化部数据显示，2023年央企、地方国企大力发展战略性新兴产业，当年战略性新兴产业投资分别为2.18万亿元、0.73万亿元，占投资总额的比重分别为35.2%、17.1%，央企战略性新兴产业营收占总营收比重较上年增加3.23个百分点。融资方面，2023年中国战略性新兴产业股权投资市场共计发生1374笔交易，交易总额达1861.62亿元，如图1所示。1374笔交易中，北京、上海、广东、江苏和浙江5个省市交易量均在150笔以上，其中广东

交易量为272笔，江苏交易量为240笔，上海198笔，北京190笔，浙江156笔。

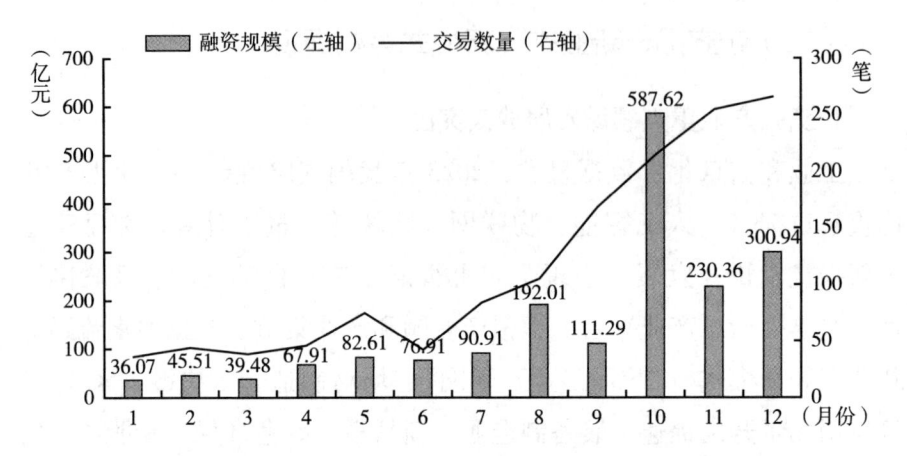

图1　2023年1~12月中国战略性新兴产业股权投资市场情况

资料来源：Wind数据库。

中国战略性新兴产业融资规模排名前21的企业如表4所示，主要分布在新一代信息技术、人工智能、新能源汽车、智能网联汽车和生物制造等领域，其中新一代信息技术的融资金额占比最大，企业数量最多。2023年战略性新兴产业上市企业主要分布在新一代信息技术、新材料、高端装备、生物医药、节能环保、新能源等领域（见图2）。

表4　中国战略性新兴产业领域企业融资TOP21

排名	企业名称	业务描述	融资金额（亿元）	主要投资方
1	长鑫新桥	存储芯片研发生产商	390	国家集成电路二期基金
2	哪吒汽车	新能源汽车研发商	70	未披露
3	奕斯伟计算	物联网芯片研发商	30	国鑫创投、亦庄国投等

续表

排名	企业名称	业务描述	融资金额（亿元）	主要投资方
4	阿维塔	智能汽车研发商	30	南方资产、两江资本等
5	百川智能	人工智能大模型开发商	21.93	阿里、腾讯等
6	成都士兰	LED 半导体芯片制造商	21	士兰微、华芯投资等
7	生工生物	DNA 合成产品生产商	20	德福资本、CPE 源峰等
8	燧原科技	人工智能领域云端算力芯片研发商	20	国际资管、国鑫创投等
9	华显新能源	硅异质结电池及组件研发商	20	中银资产、中邮保险等
10	壁仞科技	通用智能计算芯片研发商	20	未披露
11	英雄体育	电竞赛事运营商	18.18	Sawy Games Group
12	箩筐技术	时空大数据服务提供商	15.09	东方智慧投资
13	客路	境内外旅游服务提供商	15.03	摩根大通、汇丰银行等
14	赛莱克斯微系统	集成电路设计制造商	15	奇迹之光基金、远致创投等
15	同光股份	半导体材料碳化硅单晶衬底制造商	15	深创投、国家开发银行等
16	明空航天科技	运载火箭制造商	14.28	经纬创投、银河九天等
17	先通医药	放射性药物研发商	11	国投创业、金石投资等
18	星河动力	商业运载火箭研发商	11	金拓资本、方正和生投资等
19	T3 出行	网约车服务提供商	10	洪泰基金等
20	橙仕汽车	新能源汽车整车设计智造服务商	10	隐山资本、远致投资等
21	鞍石生物	抗肿瘤创新药物研发商	10	国投招商、IDG 资本等

资料来源：Wind 数据库。

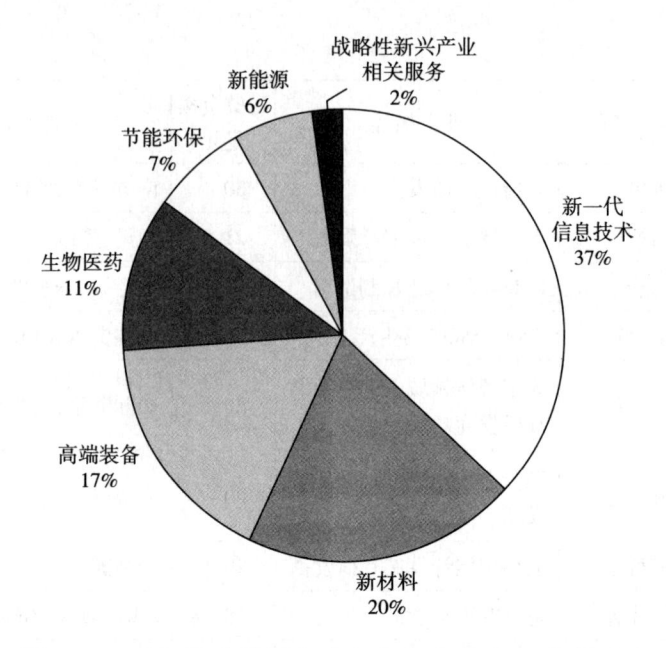

图 2　2023 年战略性新兴产业上市企业 IPO 数量分布

资料来源：Wind 数据库。

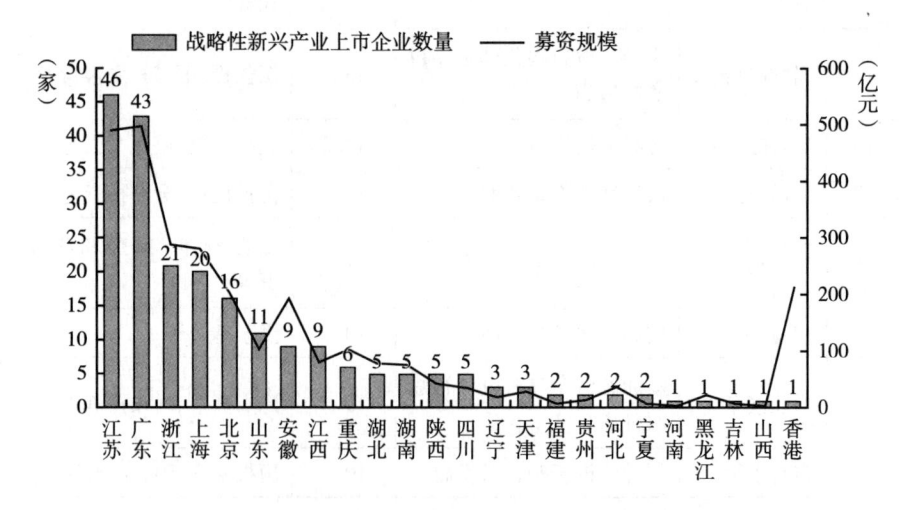

图 3　2023 年 A 股上市战略性新兴产业企业数量及募资规模分布

资料来源：Wind 数据库。

如图3所示，江苏、广东、浙江、上海和北京等省市的上市企业数量位居前列，而河南、黑龙江、吉林、山西和香港等地区的上市企业数量则相对较少。在募资规模方面，募资金额与上市企业的数量总体上呈正相关。值得注意的是，尽管香港在2023年仅有1家新兴产业企业上市，但其募资金额与北京16家上市企业的募资金额相当，体现了香港资本市场对新兴产业的强大吸引力。

（三）新兴产业"四链融合"程度不断加深

"十四五"以来，我国新兴产业"四链融合"程度不断加深，产业链、创新链、资金链及人才链发展均取得明显成效，以新兴产业为代表的新质生产力快速形成，有效释放经济发展新动能。

1. 产业链方面

在复杂多变的国际环境下，我国新兴产业保持快速增长，成为经济发展的重要引擎。一方面，2023年以来，我国新一代信息技术、生物制造、高端装备制造等产业优势得到巩固，电子信息制造业和医药制造业的企业营业收入分别增长了27.3%和16.2%，工业机器人产量也稳居全球首位。另一方面，新能源、新能源汽车、人工智能等新兴产业链形成，为我国新兴产业和整体经济发展注入强劲活力。2023年以来，新能源汽车销量增长4倍，市场渗透率达到25.6%，光伏和风能装机容量占比也分别提升了3.8个百分点和1.5个百分点。

2. 创新链方面

我国新兴产业创新链得到进一步夯实。全社会创新投入不断提升，研究与试验发展经费投入总量超过3万亿元，投入强度持续提升。2023年战略性新兴产业上市公司研发投入较2022年大幅增长，增长率超过2.5%，有效促进我国创新能力的提升。同时，我国在一些关键核心环节取得了重要突破，包括集成电路领域的CFET晶体管技术突破、量子信息领域的卫星量子密钥分发和量子计算优越性实现，以及生物技术领域的精准基因编辑技术突破等。

3. 资金链方面

"十四五"期间，各地大力发展新兴产业，实施长远规划，并出台了一系列政策措施来强化资金支持，强化产业链资金链保障。一是通过实施股票发行注册制、创业板改革和设立北交所等措施，有效拓展新兴产业企业的融资渠道，推动科技、产业、金融的良性循环。二是加大间接融资支持，2022年中国工商银行、中国农业银行、中国银行、中国建设银行对新兴产业企业贷款规模超过5.4万亿元，同比增长超过50%。三是发挥财政资金的支持和引导作用，2023年我国研究与试验发展经费支出增长8.1%，占GDP比重为2.64%，其中基础研究经费增长9.3%。截至2022年底，我国在高端制造、新材料、信息技术、生物医药等新兴产业领域，累计设立了2107支政府引导基金，目标规模约12.84万亿元，已认缴规模约6.51万亿元。

4. 人才链方面

人才是新兴产业创新发展的重要牵引和支撑，是串联产业链、创新链的核心要素。2023年以来，我国人才链不断巩固提升。一是创新人才队伍规模不断扩大。目前，我国科技人力资源数量居世界第一，高技能人才超过6000万人，占技能劳动者的30%，世界顶尖科技人才不断涌现。二是新兴产业领域人才培养成效突出。当前，以物联网、大数据、云计算、人工智能、区块链等为代表的数字经济正成为中国经济增长的新动能和新引擎，数字经济相关行业人才规模快速壮大。国务院发展研究中心数据显示，2023年我国数字经济领域就业人口占总就业人口约1/4。中国劳动和社会保障科学研究院数据显示，我国人工智能领域产业人才存量近95万人。

5. "四链融合"方面

我国新兴产业在产业链、创新链、资金链以及人才链"四链"

方面的跨越式协同发展加速。一是"四链融合"助力新兴产业高质量发展。在"四链融合"模式引领下，我国新兴产业在规模化发展、创新能力提升、资金和人才集聚等方面的表现均优于传统产业。2022年和2023年战略性新兴产业增加值占GDP比重均保持在13%左右，这一占比有望在2025年超过17%。二是"四链融合"引领关键战略领域取得突破性进展。在大批高端创新人才、国家战略资金、产业链创新主体等协同作用下，我国在集成电路、智能网联汽车、前沿新材料等领域不断取得突破性进展。三是"四链融合"成为产业集群发展的重要引擎。得益于各地方相关政策的大力支持，新兴产业集群在全国范围内快速发展，各地在优势新兴产业集群上发力，围绕产业链部署创新链，围绕创新链布局产业链，发挥关键企业"链主"作用，构建起支撑"四链融合"的体系化平台，吸引大量人才。

三 中国新兴产业发展问题挑战

为培育壮大新兴产业，各地争先竞逐新赛道、加速产业布局，着力补齐短板、拉长长板、锻造新板，推动产业提质升级。当前，我国新兴产业仍存在不少亟待解决的"痛点"和"堵点"问题。

（一）自主创新能力不足

一是基础研究、原始创新能力与发达国家存在差距，一些核心元器件、零部件、先进材料、高端装备和仪器设备严重依赖进口，导致大数据、人工智能、集成电路等重点新兴产业领域关键核心技术"卡脖子"问题严峻，产业基础短板突出，工业"六基"薄弱。二是半导体、集成电路、生物医药、新能源等高技术领域人才结构性短缺问题严峻，人才引进体系和配套服务体系尚不健全，科技创新人才教育和培养体制机制有待完善。三是高水平科技创新平台少，特别是高质量发展关键共性技术攻关、共享创新服务平台、产业公共中试平台较少，协同创新力和成果转化率有待提升。

（二）应用场景建设滞后

一是场景建设标准不统一，"一个场景一个模型"的单独开发模式，以及算法的非定制化、模型泛化能力不足，导致模型开发周期长、成本高，难以大规模应用。二是智能工厂、自动驾驶、智能诊疗、智慧供应链等重大场景尚未培育成熟，可复制推广的大场景较少，应用场景碎片化现象突出。三是场景开放度不高，由于需要大量资金、人力、物力等投入，政府、公共机构和大型国企通常主导应用场景开发，民营企业参与度较低，而已开发的场景共享机制尚不完善，限制场景的开放和共享。

（三）产业融合度不高

一是与数字经济、大数据、工业互联网融合度不够，智能化制造、网络化协同、服务化延伸、数字化管理等方面发展不足，智能化决策系统尚未深度融入新兴产业产品制造的主要环节。二是与传统制造业融合度不高，由于存在应用场景开发不充分、场景共享机制尚不成熟等问题，新兴产业与传统产业融合发展受限。三是与服务业融合度有待提升，由于当前能够满足企业融合发展的技术支持和人才供给缺乏，新兴产业与生产设计、信息服务、物流、检验检测、金融等服务行业的融合度仍待提升。

（四）国际竞争力不强

一是我国新兴产业在国际市场上仍属于新生力量，我国新兴产业企业在国际标准制定过程中的参与度不足，所生产的产品或提供的服务难以完全符合国际产品检测标准和认证体系，企业在参与国际竞争中面临较高的市场准入壁垒。二是我国新兴产业核心专利积累不足，企业对知识产权国际规则的理解和把握能力较弱，知识产权运营体系尚不健全，特别是海外专利布局力度不足，企业在参与国际竞争时面临一定的知识产权风险。

（五）同质化竞争严重

一是各地产业布局雷同，存在盲目追逐新兴产业发展热点而忽视自身发展特点的问题。例如，当前全国多地发布氢能计划，已建成30多个氢能产业园，出现产业趋同现象。二是各地为抢占发展先机，大规模招引大项目，导致同行业竞争激烈，降低了资源利用率。以新一代信息技术领域为例，北京、江苏、浙江、广东、安徽、湖南等省市均在大规模招引大项目，存在潜在的产能过剩风险。

四 我国新兴产业未来发展趋势研判

当前，新兴产业发展面临前所未有的新机遇。2024年中央经济工作会议指出，要大力推进新型工业化，发展数字经济，加快推动人工智能发展。我国下一阶段的核心战略将聚焦生物制造、商业航天及低空经济等新兴产业的培育和发展，力求在量子科技、生命科学等前沿领域探索新的产业发展路径。此外，我们将积极推动数智技术和绿色技术的广泛应用，以促进传统产业的转型升级，推动经济社会的持续健康发展。

（一）科技革命与产业变革加速，新兴产业发展面临新机遇

一是新一轮科技革命纵深推进，人工智能、大数据、量子通信等技术逐渐成熟，赋能新兴产业蓬勃发展，推动产业变革。各国产业竞

争优势尚未定型，产业发展潜力大。二是全球产业补贴竞赛加剧，各国竞相抢占人工智能、先进电信、芯片与半导体、新能源及新能源汽车等新兴产业发展先机，为我国新兴产业抢占国际市场提供了机遇。以2023年井喷式增长的人工智能为例，工业和信息化部数据显示，我国人工智能企业数量已超过4400家，生成式人工智能的企业采用率已达15%，市场规模为14.4万亿元，预测到2035年，我国在生成式人工智能领域的经济价值将突破30万亿元。

（二）凭借国内雄厚的产业基础优势，新兴产业发展内生增长力将持续增强

在逆全球化盛行，供应链局部化、分散化等趋势下，我国产业基础发展优势凸显。工业和信息化部公开资料显示，当前我国拥有41个工业大类、207个工业中类、666个工业小类，500多种主要工业产品中，有四成以上产品的产量位居世界第一，为新兴产业规模化生产提供了雄厚的产业基础。我国高端装备、船舶与海洋工程装备、新能源、新能源汽车、新材料、绿色环保、新一代信息技术、民用航空等产业发展较快，为新技术迭代突破提供了基础保障。相较于其他国家，我国新兴产业内生增长力更强。一方面，可以利用国内产业基础优势，加快培育壮大新兴产业。另一方面，可以发挥产业配套优势，加大与相关国家和地区的经贸合作力度，加快自由贸易区、跨境经济合作区建设，扩展国际产业发展空间。

（三）新兴产业将持续引领推动现代化产业体系建设

一是国内超大规模市场需求，为培育新兴产业的发展提供了广阔空间。新兴技术应用依托大规模市场推广，新兴产品研发生产依赖多样化的市场消费场景。我国拥有14多亿人口，规模市场优势突出，数字经济、新能源、新材料、生物医药、海洋产业等领域产品需求旺

盛。我国各地区资源禀赋和产业条件各异，也是世界最大的新兴产业发展市场，各类新兴产业市场需求巨大，新兴产业将迎来一个重要发展期。二是各类新兴产业技术的突破和应用将推动经济社会的变革和发展，创新链、产业链深度融合，新兴产业国际化发展能力持续增强。当前，新兴产业发展的激励机制不断完善，未来新兴产业将与良好的营商环境形成正反馈循环，最终成为我国经济增长的新支柱。

参考文献

金壮龙：《新时代工业和信息化发展取得历史性成就》，《学习时报》2022年10月3日。

王海南、王礼恒、周志成等：《"四链"深度融合下战略性新兴产业高质量发展战略研究》，《中国工程科学》2024年第1期。

李可欣、陈婷婷、全威帆等：《培育壮大战略性新兴产业和未来产业》，《先锋》2024年第2期。

产业篇

B.2
新兴产业八大重点领域发展态势和对策研究

毛紫君　孙飞红[*]

摘　要： 新兴产业作为现代化产业体系的关键环节，已经成为引领我国经济高质量发展的新引擎和新支柱。结合当前政策导向，本研究提出新能源、新材料、新能源汽车、智能网联汽车、工业机器人、生物制造、商业航天、低空经济八大需要培育壮大的重点新兴产业领域。培育壮大新兴产业应从提升科技创新和成果转化能力、加强场景应用市场推广、加快新型基础设施建设和加强国际科技交流合作等方面发力。

关键词： 新兴产业　新质生产力　高质量发展

---

[*] 毛紫君，博士，国家工业信息安全发展研究中心工业经济所工程师，研究方向为新兴产业发展、国际产业转移；孙飞红，博士，国家工业信息安全发展研究中心工业经济所工程师，研究方向为新兴产业、数字经济。

当前,世界百年未有之大变局加速演进,新一轮科技革命和产业变革不断向纵深推进,全球产业体系和产业链供应链呈现多元化布局、区域化合作、绿色化转型、数字化加速的发展态势,大国竞争博弈日益聚焦于"科技与产业"共融的新兴产业领域。我国新兴产业发展态势强劲,但对国民经济的支柱作用有待加强。新时代新征程,加快发展新质生产力,引领推动经济高质量发展,推进新型工业化走深走实,不仅要加速传统产业改造升级,更要培育壮大新兴产业。

一 培育壮大新兴产业的形势背景和重要意义

(一)形势背景

1. 从国际形势看,新兴产业面临的挑战与机遇并存

一方面,全球经济下行,为抢占人工智能、先进电信、芯片与半导体、新能源及新能源汽车等领域的发展先机,大国博弈加剧。另一方面,新一轮科技革命和产业变革深入推进,全球产业链、供应链加速调整,新兴技术不断发展,人工智能、大数据、量子通信等技术应用逐渐成熟,新业态、新模式蓬勃发展,蕴藏巨大发展机遇。因此,我国亟须培育壮大新兴产业,以应对动荡不安的国际形势所带来的各类风险挑战,同时要紧抓发展机遇,力争抢占全球新一轮产业竞争制高点。

2. 从国内形势看,新兴产业发展态势强劲,但对国民经济的支柱作用有待加强

一方面,新兴产业发展态势强劲,国家统计局数据显示,2022年我国战略性新兴产业和"三新"经济增加值占GDP比重分别为13%、17.36%,相较于2016年分别增加了2.3个百分点和2.5个百

分点。另一方面，新兴产业规模化生产和商业化应用能力不足，大中小微企业专业化分工协作、协同发展的产业生态体系尚未建立，企业自主科技创新能力缺乏，大数据、人工智能、集成电路、生物医药等核心技术领域的"卡脖子"问题严峻，新兴产业对国民经济的支柱作用仍需加强。因此，亟须培育壮大新兴产业，增强国民经济综合实力和产业链、供应链韧性。

（二）重要意义

1. 培育壮大新兴产业有助于加快发展新质生产力

2024年1月31日，习近平总书记在主持中共中央政治局第十一次集体学习时强调，"发展新质生产力是推动高质量发展的内在要求和重要着力点，必须继续做好创新这篇大文章，推动新质生产力加快发展"。新兴产业是推动新质生产力加快发展的重要载体。大力培育新兴产业，是加快发展新质生产力的应有之义，有助于打造经济新动能，塑造发展新优势，为中国式现代化建设提供强大的物质保障和技术支撑。

2. 培育壮大新兴产业为经济高质量发展提供重要动力

习近平总书记指出，"战略性新兴产业是引领未来发展的新支柱、新赛道"。新兴产业作为构建现代化产业体系的关键环节，已经成为引领国民经济高质量发展的新引擎，培育壮大新兴产业对推动经济高质量发展具有重要意义。

3. 培育壮大新兴产业为推进新型工业化提供重要抓手

2023年9月，新型工业化推进大会传达了习近平总书记的重要指示"新时代新征程，以中国式现代化全面推进强国建设、民族复兴伟业，实现新型工业化是关键任务"。推进新型工业化走深走实，一方面要锻长板、补短板、强基础，推动传统产业改造升级；另一方面要培育壮大新兴产业，增强新能源和新能源汽车等领域全产业链优势，聚焦新一代信息技术、生物技术等新兴产业，加强技术攻关和成果转化，打造更多的中国制造新名片。

二 新兴产业八大重点领域发展态势分析

2023年以来，以习近平同志为核心的党中央作出一系列重大决策部署，为发展新兴产业重点领域提供了重要指引。2023年9月，习近平总书记在黑龙江考察期间指出，"要积极培育新能源、新材料、先进制造、电子信息等战略性新兴产业，加快形成新质生产力，增强发展新动能"。2023年12月，习近平总书记在中央经济工作会议中指出，"要大力推进新型工业化，发展数字经济，加快推动人工智能发展。打造生物制造、商业航天、低空经济等若干战略性新兴产业，开辟量子、生命科学等未来产业新赛道，广泛应用数智技术、绿色技术，加快传统产业转型升级"。

基于此，结合已有研究，本报告选取新能源、新材料、新能源汽车、智能网联汽车、工业机器人、生物制造、商业航天、低空经济八大新兴产业作为重点研究对象，分析产业发展态势。

（一）新能源

中国已连续多年成为世界最大的能源生产国和消费国。当前，先进核能、先进太阳能、新型储能、氢能、磁流体发电、地热能等新兴能源技术加速迭代，成为全球能源转型的核心驱动力。2023年12月，全国新型能源工作会议指出，我国新能源产业发展呈现三个特点。一是能源安全供应能力稳步增强。2023年全年新增电力装机容量约3.3亿千瓦，总装机容量达到29亿千瓦，同比增长12.9%，全国电力供应总体稳定。二是风电光伏等可再生能源成为保障电力供应的新力量。2023年，可再生能源总装机容量连续突破13亿千瓦、14亿千瓦大关，达到14.5亿千瓦，占全国发电总装机容量比重超过50%，历史性超过火电装机容量，风电光伏发电量占全社会用电量比重突破15%。三是能源绿色低碳转型步伐加快。我国大型风电光伏基地建设稳中求进。2024年，我国将继续提升能源安全水平，增强能源供应保障能力，聚焦落实"双碳"目标任务，持续调整优化能源结构。

当前，我国的能源科技创新与世界能源科技强国相比还存在明显差距。一是部分能源技术装备存在短板。一些关键零部件、专用软件、核心材料等仍然依赖进口，能源领域的原创性、引领性、颠覆性技术装备相对较少。例如，在氢能领域，氢燃料电池在质子交换膜、膜电极、碳纸以及储氢材料等关键材料方面存在"卡脖子"问题，加氢站和下游的应用端体量小、数量少，氢能供需体系仍有待完善。二是能源科技创新政策保障机制有待完善。目前，我国的产学研用深度融合尚存在较大障碍，技术创新体系内的协同性不足、相互传导性较弱、要素间作用转化不畅等问题突出，产学研用合作项目主要集中在接近产业化的创新链后端。三是科研人才作用发挥不足。科研院所、高校、国企和民营企业人才流动受限，科研队伍合作、共享科研成果和利益的机制尚不完善，科研人才体系难以支撑产业向全球价值链高端迈进。

（二）新材料

新材料产业是关系国家安全和发展大局的战略性、基础性、先导性产业。2023年8月，第六届中国国际新材料产业博览会新闻发布会信息显示，2022年我国新材料产业总产值约6.8万亿元，约占全国GDP的5.6%，成为稳定经济增长的重要支撑。近年来，新材料产业创新发展取得阶段性成效。一是产业规模快速增长。目前，我国形成了门类齐全、体系较为完整的材料产业体系，先进储能材料、光伏材料、超硬材料等新材料产能居世界前列。二是创新能力不断提升。

我国已在新材料领域建立了6个国家制造业创新中心，布局建设了生产应用示范、测试评价、资源共享三大类32个国家新材料重点平台。三是企业实力不断增强。工业和信息化部数据显示，2023年，新材料产业有专精特新"小巨人"企业1972家、制造业单项冠军企业248家，我国已培育形成了一批碳纤维及其复合材料、超导材料等重点领域的龙头企业，大中小企业融通发展步入加速期，优势企业集聚发展，形成了7个新材料类国家先进制造业集群。四是产业生态日益完善。促进新材料产业创新发展系列指导文件不断出台，新材料统计和标准体系不断健全，各类人才培养体系持续完善。

我国新材料产业存在一些问题。一是先进材料短板问题突出。先进材料存在产品性能稳定性不足、质量精准度不高、生产效率低、成本高等问题，如国产大飞机先进材料及构件国产化率不足5%。二是创新引领能力不足。我国新材料领域原始创新能力仍处于"跟跑"阶段，创新链不通畅，难以抢占战略性新兴产业制高点，创新体系效能不足成为我国新材料研发中的最大短板。三是创新链、产业链融合不足，制造和应用环节发展滞后。一方面，我国产业长期处于全球价值链中低端，过去几十年先进技术的获取过度依赖国外创新体系；另一方面，受政策、体制、机制等诸多因素的制约，我国新材料研发与应用脱节，新材料成果转化率较低。四是产业基础保障能力不足。用于材料设计、制造、模拟的软件长期依赖进口，高端工控系统和数控装备也需要从国外进口；新材料领域关键原辅料自给率严重偏低，基础原材料产品在纯度、精细度控制等方面有待提高；材料加工数字化、智能化水平与发达国家相比存在较大差距；材料数据库、材料领域标准的建设力度不足，难以形成竞争优势。

（三）新能源汽车

2023年我国新能源汽车产业发展迅速，已经进入规模扩张的爆发期和全面市场化的拓展期。我国新能源汽车发展呈现以下三个特点。一是市场渗透率进一步提高。根据中国汽车工业协会数据，截至2022年底，我国已成为全球最大的新能源汽车市场，产销量连续8年稳居世界首位。2023年1~11月，我国新能源汽车产销分别完成842.6万辆和830.4万辆，同比增长率分别为34.5%和36.7%，市场占有率达到30.8%，比2022年增加5.2个百分点。二是自主汽车品牌和动力电池企业出海步伐加速。2023年1~11月，我国新能源汽车出口109.1万辆，同比增长83.5%；随着国内市场动力电池产能过剩加剧，宁德时代、比亚迪、国轩高科、蜂巢能源等电池企业加速在德国、匈牙利等海外市场布局。三是充电基础设施不断完善。中国电动汽车充电基础设施促进联盟数据显示，2023年1~11月，充电基础设施增量为305.4万台，截至2023年11月，全国充电基础设施累计数量为826.4万台，同比增长67.0%。

我国新能源汽车产业发展取得了一定成效，但仍存在一些问题。一是产业技术制约。主要包括车规级芯片、动力电池升级、智能操作系统等研发滞后，以及低碳发展规划、碳足迹核算体系不完善等问题。二是关键金属材料供应紧张。受新能源汽车需求持续增长的影响，电池原材料出现供不应求、价格走高的现象，特斯拉、大众、通用、福特等主流车企此前已在全球范围内开始了锂、钴、镍矿的资源争夺。三是动力电池产能过剩。中国汽车动力电池产业创新联盟数据显示，2023年1~9月，动力电池产量达533.7亿瓦时，装车量为255.7亿瓦时，278亿瓦时的电池进入库存，动力电池的产量远高于需求。四是动力电池出口贸易壁垒增加。2023年8月，《新电池法》对进入欧盟市场的电池企业提出更高要求，电池企业将面临碳足迹追踪、再生原材料回收利用、电池护照中信息披露等政策带来的出口贸易壁垒，极大地增加了我国动力及储能产业进入欧盟市场的成本和难度。五是全面市场化发展不够均衡、不够充分。产品性能和质量还难以满足消费者全场景使用目标，充换电、加氢网络、车路协同的基础设施建设仍相对滞后，新能源商用车渗透率低。

（四）智能网联汽车

我国智能网联汽车产业继续保持良好发展势头。中国汽车工程学会数据显示，2022年，我国搭载辅助自动驾驶系统的智能网联乘用车新车销售量达700万辆，同比增长45.6%，新能源汽车辅助自动驾驶系统搭载比例达48%。德勤报告显示，未来3~5年，汽车智能化、网联化将迎来一轮高速发展，预计至2030年，中国运营的自动驾驶车辆将达3000万辆。中国未来很可能成为全球最大的自动驾驶市场，预计至2030年，自动驾驶相关的新车销售及出行服务创收将超过5000亿美元（约合人民币3.58万亿元）。近几年，在国家政策支持下，各地已经建立了17个国家级智能网联汽车的测试示范基地，7个国家级车联网先导区和16个"双智"试点城市，全国已经有超过50个地区发布道路实施细则。智慧交通、智能网联以及自动驾驶的发展也得到各地政府的密切关注，北京、上海、广州、深圳、重庆、武汉、长沙等10余个城市允许自动驾驶汽车在特定区域、特定时段进行出租汽车、城市公共汽（电）车等商业化试运营，且应用规模不断扩大。

当前，全球智能网联汽车产业正处于技术快速推进、产业加速布局的关键阶段，智能驾驶规模化量产落地依然面临着技术、法规、基础设施、商业模式、伦理、人才等多方面挑战。一是核心技术积累不足，产业链尚不完整。高性能传感器、线控底盘、汽车AI等核心领域技术积累不足，研发投入比例偏低；芯片、操作系统、计算平台等核心部件断供问题严重，如龙头企业中兴、华为等存在的高技术产品断供问题，对上下游产业生产、进出口贸易等造成了严重影响。二是全国统一的法律法规体系有待健全。各示范区在政策和标准等制定方面口径不一，在测试互认、数据共享、互联互通以及无人化测试场景等方面形成了一定的地方壁垒。三是道路基础设施的智能化改造滞后。基础设施智能化改造涉及跨部门协调以及跨产业协同的问题，建设投资大、周期长，目前投资主体有待于进一步明确，尚未形成有效的商业模式。四是应用场景有待拓展。目前，智驾水平处于智能辅助驾驶阶段，智能网联汽车在开发和推广过程中还面临很多场景缺陷，智能网联汽车普及需要接受行业和公众的检验，会不可避免地面临社会伦理和责任认定等问题。五是复合型人才短缺。例如，感知系统测试工程师、软件构架工程师、云计算平台系统工程师等岗位人才缺乏，车载芯片、电子电气架构等"卡脖子"技术的攻关人才尤为短缺，如何完善人才培养机制，营造吸引人才、留住人才、激发人才的创新环境是当前面临的关键问题之一。

（五）工业机器人

我国工业机器人市场持续蓬勃发展。《中国机器人产业发展报告（2022年）》显示，2022年，中国机器人市场规模为174亿美元。其中，工业机器人市场规模达87亿美元，服务机器人市场规模达65亿美元，特种机器人市场规模达22亿美元。工业机器人发展成效显著。一是核心技术竞争力不断增强。减速器、控制器、伺服系统等关键零部件国产化加速，机器视觉技术的不断成熟，增强了机器人作业精准度，触觉、力觉、视觉、语音识别等传感器、人工智能技术与机器人融合发展，促进人机协同水平不断提高，5G、大数据、云计算、人工智能等新一代数字技术赋能机器人向云化、智能化方向加速发展。二是应用领域不断拓展。"机器人+"应用不断拓展深入，早期主要应用在汽车制造、船舶制造、化工、3C电子等产业，从事搬运、上下料、焊接、喷涂等工作；近年来应用领域扩展到装配、打磨、抛光等高精度、高灵敏度场景，服务机器人、特种机器人也在快速发展。三是战略性新兴产业成为工业机器人应用新领域。机器人企业围绕新能源汽车、锂电、光伏等产品生产和使用维护过程中的需求，不断推出创新解决方案，推动产业智能制造升级。四是新市场主体不断加入。传统机器人企业不断向产业链上下游延伸、拓宽产品线、应用新技术和创新商业模式；一批新兴机器人企业进入传统机器人企业尚未关注到的细分市场，凭借技术优势，实现产品、商业模式和应用场景的创新；科技企业跨界进入机器人领域，如小米发布了CyberOne人形机器人。五是新商业模式不断涌现。"机器人即服务"的商业模式不断成熟，机器人制造企业向用户提供机器人租赁、代运营、一体化解决方案等服务，显著降低了用户使用机器人的资金和技术门槛，加速实现了机器人产业的快速部署和制造业生产线的智能升级。

尽管我国机器人产业在创新能力、国际地位等方面不断提升，但在技术水平和产品质量方面，特别是关键基础零部件的稳定性与可靠性等方面，与发达国家相比尚存差距，制约了工业机器人的发展及推广应用。

（六）生物制造

生物制造是以工业生物技术为核心的先进生产方式，即以基因工程、合成生物学等前沿生物技术为基础，利用菌种、细胞、酶等生命体的生理代谢机能或强化功能，通过工业发酵工艺规模化生产的制造过程。截至2023年底，我国生物制造核心产业增加值占工业增加值比重仅为2.4%，具有较大提升空间。我国具备良好的生物制造基础，在一系列政策的支持下，我国生物制造产业的竞争力将逐渐增强。与传统化工制造产业相比，生物制造产业通常以可再生生物资源作为原料，可摆脱对石油资源的依赖，降低能耗，大幅减少二氧化碳、废水等污染物排放，具有高效、绿色、可持续的优势。根据世界自然基金会估测，到2030年，生物制造技术每年可降低10亿至25

亿吨的二氧化碳排放。生物学等新技术不断发展，将进一步加快生物技术与生物制造产业的渗透融合，为生物制造行业带来全新的发展机遇。

当前，我国生物制造产业仍存在一系列问题。一是关键核心技术储备不足。尽管目前我国生物制造行业有了一定的发展，但与发达国家相比仍有较大差距，一些关键核心技术如菌种、酶等受到国外大化工企业的专利限制；关键元件大多为国外进口产品，制约了我国生物制造产业的发展。二是知识产权和市场准入等政策保障不足。生物制造科技和行业的发展离不开政策的支持，然而当前我国生物制造领域的知识产权保护和市场准入等政策体系仍不完善，影响了生物制造产业化、集群化发展进程。一方面，生物制造的知识产权保护涉及大量细节问题，政策保障难以落实到位；另一方面，在新产品研发初期，生产成本高、市场准入机制不完善、行业标准调整周期长，这些因素对企业经营造成潜在威胁。三是金融保障体系有待完善。生物制造产业属于资本和技术密集型产业，企业需要较多的研发投入，并会面临研发失败的风险。目前我国对生物制造业相关企业的金融保障机制仍不完善，加之当前经济下行、投资放缓等原因，企业融资难度增加，资金短缺成为限制我国生物制造业研发和成果转化的重要因素。四是高端人才引进和培养不足。人才是科技创新的主体，也是推动科技创新的第一生产力。目前，我国生物制造产业仍处于追随和模仿阶段；人才管理机制也有待完善，激发创新的政策环境有待进一步优化，国际性专利申请、审批管理等人才储备不足。

（七）商业航天

商业航天是以获取商业利润为首要目标的航天活动，涵盖卫星制造、火箭制造、卫星应用等领域，传统航天应用以卫星为主，包括通信、导航、遥感、科研四大方向。新型应用场景包括卫星互联网、太空旅行、太空采矿、深空探索等，洲际交通运输、太空基地、火星移民等应用或将成为航天技术未来发展的方向。我国商业航天发展有三大特征。一是发展前景大。艾媒咨询公开资料显示，我国商业航天自2015年以来，产业规模呈逐年增长的态势，产值由2015年的3764亿元增长至2020年的10202亿元，在2020年实现了商业航天市场规模首次突破万亿元，预计到2024年我国商业航天市场规模将达到24060亿元，基本形成"大央企引领、多民企参与"的多元市场主体参与竞争的格局。二是产业布局加速。在政策和商业环境的驱动下，北京、西安、深圳、上海、武汉、宁波、广州等城市相继出台商业航天领域政策规划，加快商业航天布局。其中，陕西是有航天相关注册企业最多的省份，省会西安被誉为"中国航天动力之乡"，拥有大量航天科研单位。三是企业数量增速快。截至2022年，国内已注册并有效经营的商业航天企业数量达433家，分布在北京、广东、陕西、江苏、上海等省市，其中，35%的商业航天企业集中在北京。

目前，我国商业航天产业仍处于起步阶段，在实际发展过程中面临一系列问题。一是技术竞争力落后。尽管我国商业航天产业发展迅猛，但在技术上仍远远落后于美国，尤其是大推力运载火箭和火箭垂直回收技术滞后，影响产业规模化、市场化发展。二是面临政策壁垒。政策环境尚不完善，阻碍商业航天产业的发展。三是投融资体系不健全。大多数创业企业中长期的战略性资本投资较少，难以满足商业航天产业的投资需求。四是市场化进程落后。商业航天产业应发挥航天业的经济溢出效应，但目前我国商业航天产业的市场属性、经济属性和资本属性尚未得到充分体现，商业航天产业对航天业社会化、商业化转型的颠覆性和创造性影响不足。五是产业集群生态尚未建立。我国商业航天产业，特别是民营商业航天，以零散、孤立的发展模式为主，且存在盲目竞争的现象，行业整体缺乏系统清晰的战略规划，缺乏跨领域的市场应用和合理布局，这导致有些企业盲目追随美国商业航天的发展模式，缺乏创新的市场定位、商业手段和研发模式，核心竞争力不足。六是高端人才储备不足。发展商业航天产业需多方面人才合力，但目前我国商业航天领域人才素质仍有待提升，具有技术、管理、运营、市场、风险控制等多方面能力的复合型人才不足，制约了商业航天产业的发展。

（八）低空经济

低空经济是以民用有人驾驶和无人驾驶航空器为主，以载人、载货及其他作业等多场景低空飞行活动为牵引，辐射带动相关领域融合发展的综合性经济形态。近年来，我国低空经济产业发展迅速，低空航空器及企业数量持续增长。安邦咨询报告显示，截至2023年8月，国内现有实名登记的民用无人驾驶航空器已超过111万架；无人机操控员执照已颁发18.2万本，全国注册无人机运营企业已超过1.7万家。2023年1~8月，民用无人机累计飞行已超过1680万飞行小时。2022年无人机行业总产值首次突破千亿元。

我国低空经济发展正处于转型跨越的关键时期，以工业无人机为代表的技术研发和应用还存在一些问题。一是高新技术支撑能力不足。我国低空经济发展的技术基础不够坚实，无线通信、传感器、自主导航、控制算法等核心技术"卡脖子"问题严重，无人机的数字化、信息化、智慧化水平需要进一步提升。二是政策保障不完善。低空领域相关立法滞后、立法效力层次低、低空空域审批流程烦琐，同时适应高水平对外开放合作的规则、规制、管理、标准等有待进一步创新和完善。三是制造成本及维护成本高。工业无人机的制造成本较高，需要加强技术研发，降低生产成本，提高产品市场化程度。四是安全保障体系不健全。航空器在应用中可能会面临黑客攻击、故障等问题，因此需要完善安全保障体系。五是低空消费和应用不足。受收入水平、消费习惯、专业技能等因素的影响，普通消费者对低空经济消费的欲望不强、低空经济的市场化开发不足，已有产业链条较短。

三 培育壮大新兴产业的对策建议

（一）提升科技创新和成果转化能力

聚焦新能源、新材料、新能源汽车、智能网联汽车、工业机器人、生物制造、商业航天、低空经济等新兴产业，加大对前沿技术和关键环节的创新资源投入。加快实施产业基础再造工程，发展核心基础零部件、基础元器件、基础材料、关键基础软件和先进基础工艺，增强我国工业体系创新支撑力。实施重大技术装备攻关工程，聚焦国家重大战略产品的需求，加快重大技术装备的体系化、高端化、智能化、绿色化发展。对新技术新产品实施"包容期"管理和柔性监管，探索场景创新和先行先试，允许相关负责人在"试错"中寻找"试对"。

（二）加强场景应用市场推广

以新技术应用落地为依托，持续推动智能制造、人工智能、增材制造、机器人应用、制造业质量管理数字化等典型场景应用遴选与示范建设。创建场景创新示范区，充分发挥龙头企业、高校和科研院所、创新平台等资源优势，重点围绕新技术应用示范集聚区、国家先进制造业集群、国家制造业创新中心、国家新型工业化示范基地、国家重大工程项目，打造一批国家级场景创新示范区，加快场景创新成果推广应用，加速优质企业和创新资源集聚。征集新兴产业优秀案例，引领带动全国场景创新工作。

（三）加快新型基础设施建设

1. 推动传统基础设施改造升级

实施交通基础设施数字化网联化升级工程，加强智能铁路、智慧公路、智慧港口、智能航运、智慧民航、智慧物流的建设。推动能源基础设施数字化建设，加快信息技术和能源产业融合发展，推动能源产业数字化升级。推动城市基础设施智能化建设，加快推进传统基础设施数字化、网络化、智能化的建设与改造。

2. 推进新型基础设施建设

加快推进算力基础设施建设，积极稳妥地发展人工智能和区块链，着力完善算力网络和数据安全体系。优化新型数据中心建设布局，形成算力规模与数字经济增长相适应的梯次布局。加强全面感知、泛在连接、安全可信的物联网新型基础设施建设。加强网络通信基础设施建设，积极推进5G、千兆光网、IPv6、物联网及卫星互联网建设，巩固提升信息通信网络的服务能力和水平。

（四）加强国际科技交流合作

1. 加强国际标准制定与科技创新合作

一方面，鼓励国内企业、高校、科研院所等创新主体积极参与各类国际性专业标准组织及活动，完善国际标准化工作机制，推动数字孪生、清洁能源、人工智能等新技术国际标准的建立；鼓励专精特新"小巨人"企业，制造业单项冠军、隐形冠军等优质中小企业积极参与国家标准和行业标准制定。另一方面，发挥自贸试验区、中德产业园区等跨境经济合作区的带动作用，开展国际新兴产业集群创新协作，增强新兴产业集群的国际竞争力与产业关联韧性；通过国际兼并收购、合资合营等方式，加强绿色环保、新材料等领域的国际技术合作。

2. 深化国际经济合作

推动建立中国-东盟工业领域部长级对话交流机制，在新能源汽车、数字经济、能源电子等新兴产业领域开展合作，建设一批科技含量高、投资体量大、产业带动性强的重大项目，构建具有中国-东盟特色的新兴产业协同发展模式。加强与金砖国家在基础设施、数字化转型、网络治理等方面的合作，更好地发挥 ICT 合作工作组、数字金砖任务组、金砖国家未来网络研究院等机制的作用，扎实推进金砖国家新工业革命伙伴关系建设。通过中欧能源合作平台、中欧能源技术创新合作平台推进市场和商业、技术创新合作，打造绿色产业合作的中欧样板。深入推进"一带一路"经贸合作，拓展 RCEP 新兴市场，组织开展中国国际中小企业博览会、中小企业国际合作高峰论坛，支持中小企业在贸易投资、科技创新、技术人才等领域深化务实合作。

参考文献

鲁汇智、李勋来、邓玮等：《中国生物制造产业发展现状及对策建议》，《化工管理》2023 年第 34 期。

郭文彧、崔彪：《中美商业航天发展脉络对比分析》，《卫星应用》2021 年第 2 期。

B.3
制造业产业链迁移评价指标体系研究

李彬　白雅洁　蒋宏亮*

摘　要： 本研究以制造业产业链迁移为研究视角，在分析我国制造业产业链迁移的原因、动向和影响的基础上，构建了制造业产业链迁移评价指标体系。具体包括迁移动向、迁移影响和迁移风险3项一级指标，投资动向、贸易结构、经济运行、出口管制、发达国家制造业回流、潜在迁入地吸引力6项二级指标，以及龙头企业投资意愿、美国制造业回流指数等13项三级指标。旨在通过多维指标体系的构建，为制造业产业链迁移规模评估和风险研判提供有价值的参考。

关键词： 制造业　产业链迁移　评价指标

一　制造业产业链迁移内涵及模式概述

产业链迁移是指某个产业或者产业群体在地理空间分布上发生变动，即由一国或一地区向另一国或另一地区移动。产业链迁移是一种产业在空间上移动的现象，是以企业为主导的迁移活动，

---

* 李彬，博士，国家工业信息安全发展研究中心工业经济所高级工程师，研究方向为工业发展、新兴产业、产业链安全；白雅洁，国家工业信息安全发展研究中心工业经济所；蒋宏亮，国家工业信息安全发展研究中心工业经济所助理工程师，研究方向为产业数字化、产业链安全。

通过生产要素的流动从一个区域向另一个区域迁移的经济行为和过程，包括产业的生产环节以及产业的研发设计、服务、销售等环节发生的迁移。产业链迁移是全球化背景下为顺应区域比较优势变化而出现的一种经济现象，主要指由产业链终端产品、关键核心部件及其供应链的转移，引发的本地产业优势弱化或产业整体转移。当经济发展到一定的水平，原经济相对发达地区的竞争优势将会随着当地劳动力成本的增加和劳动对象资源（原材料、燃料、动力等）的短缺而不复存在。经济相对发达地区的某一产业或产业群体只有向劳动力价格相对较低、劳动对象资源相对较丰富的地区输出，才能保持或形成新的社会再生产力。而经济相对落后的地区，则通过产业迁移输入原经济相对发达地区的资本和技术，使自己的劳动力价格优势和劳动对象资源优势凸显，从而实现经济的快速发展。

产业链迁移既受经济因素影响，也受非经济因素影响。受经济因素影响的迁移，其符合一般市场经济规律，属正常迁移；受地缘政治、重大突发事件、非常规政策干预等非经济因素影响的迁移，属非正常迁移。

产业链的正常迁移主要包括成本驱动型、市场需求型、资源拓展型、技术创新型等。成本驱动型最为常见，劳动力、土地、贸易关税等成本的变化，驱动企业寻求成本更低的地方投资生产，主要迁移的是低技术环节；市场需求型，即跨国公司为了拓展海外市场，要在消费需求大的地区进行本地化生产、销售和售后维护；资源拓展型，即企业寻求在原材料、能源等资源充足之地设厂，以满足国内产业对资源的需求，尤其是近年来许多企业加强垂直产业链建设，加大原材料投资；技术创新型，即企业在发达国家设立研发总部，借助当地优秀研发人员的力量进行技术升级。

产业链的非正常迁移主要受国际关系、供应链多元化、绿色发展等因素影响。国际关系恶化会导致产业链迁移。供应链多元化导致的迁移是指由于全球贸易的不确定性和风险，企业为避免供应链过分集中在同一区域，将供应链分散到多个国家和地区以降低风险。绿色发展导致的迁移是指在全球关注环境保护和可持续发展的背景下，发达国家设置了一系列标准体系，导致部分发展中国家难以满足环保标准，企业不得不将生产设施转移到拥有清洁能源和环保政策的地区。

二 制造业产业链迁移历史背景

制造业产业链的跨国转移是全球制造业生产布局的客观规律。随着国际分工与协作不断深化，跨国公司不断将传统的产业细化分割。高成本国家的制造业企业积极寻求更具成本效益的制造地点。例如，许多跨国公司将其生产设施、工厂或生产环节从高成本国家或地区向低成本国家或地区转移。

19世纪末期至今，全球制造业产业链共经历五次大规模的迁移，制造业中心从英国、德国转移至美国、日本、亚洲"四小龙"、中国大陆、东南亚和非洲国家。第一次迁移发生在19世纪末至20世纪初，由于美国土地广阔、自然资源丰富以及劳动力充沛，制造业中心从英国、德国转向美国，美国的流水线批量、标准化生产得到高速发展。第二次迁移发生在第二次世界大战后，制造业中心从美国迁移至日本，日本经历了快速的经济复苏阶段，工业化进程提速，美国向日本提供了技术管理经验，科技中心和经济中心留在美国，此次迁移使全球化分工进一步发展，国际化产业链条初步形成。第三次迁移是制造业中心从日本迁移到亚洲"四小龙"，随着日本科技发展，人力成本逐渐上升，跨国企业将附加值较低的产业链生产环节转向人力资源丰富、成本较低的亚洲"四小龙"。第四次迁移是从亚洲"四小龙"

向中国大陆的迁移，随着亚洲"四小龙"高端制造业不断发展，低端制造业逐渐向中国大陆转移，中国大陆承接了多行业的制造业迁入。第五次制造业迁移是从中国大陆向东南亚和非洲国家的迁移，随着中国经济发展，人力成本逐渐提高，加之中国制造发展战略也发生了一定的变化，导致部分产业逐渐向东南亚、非洲等人力成本更低的地区迁移。上述五次制造业产业链迁移以主动迁移为主，即经济因素主导下的产业迁移（见表1）。

表1　历次世界大规模制造业中心迁移

制造业中心迁移	迁移动态
第一次	英国、德国向美国
第二次	美国向日本
第三次	日本向亚洲"四小龙"
第四次	亚洲"四小龙"向中国大陆
第五次	中国大陆向东南亚、非洲等地

现有统计数据缺少直接准确衡量制造业产业链迁移的评价指标。目前，关于制造业产业链迁移评价指标的研究主要从国际直接投资、出口贸易指标等方面进行观察。在对制造业迁移和全要素生产率的研究中，周伟和郭杰浩使用各地区实际利用FDI指标衡量国际产业转移；张琴使用外商直接投资和外商间接投资指标衡量国际产业转移；刘佳骏从我国制造业对外直接投资规模中分析我国制造业迁移问题。也有文献通过经济运行指标分析制造业产业链迁移问题。刘振中从制造业细分行业工业增加值增速情况、细分行业占比、产量以及占GDP的比重等方面研究制造业的迁移程度。部分研究以案例分析为主，结合企业迁移实例进行分析，如刘振中分析了企业在境外投资布局产能问题。

除了外商直接投资，加工贸易出口及产业在全球市场份额的变化也是较为常见的制造业产业链迁移评价指标。刘佳骏从我国加工贸易出口占出口总额比重、劳动密集型行业出口交货值全球占比等方面分析我国制造业产业链迁移问题。国家外汇管理局广东省分局课题组通过分析产业在全球市场份额中的变动情况评估产业链迁移情况。吴伟华基于国际市场份额变化、对外直接投资、投入产出框架下产业转移价值量，分析了制造业产业链迁移情况。

三 制造业产业链迁移评价指标体系构建

当前我国制造业产业链迁移过程中，不同行业的迁移影响因素不可同一而论。制造业产业链迁移的主体为企业，具体包括跨国企业和本土企业：跨国企业迁移体现在外商直接投资的减少，流向迁入地的资金量增加；本土企业的迁移则需通过我国对外直接投资进行分析。此外，具体企业动态与企业战略均能为分析迁移规模与风险预判提供重要参考。企业外迁承接地包括发达国家和发展中国家，以美国为首的发达国家正在大力推动制造业回流，力图将制造业再度带回本土，而发展中国家则以劳动力优势为主。制造业产业链迁移的影响将体现在贸易结构和经济运行指标上，一旦出现大规模制造业产业链迁移，出口占比将大幅下降，在国内需求有限的情况下，工业产品产量将呈下滑态势。基于上述分析逻辑，本报告构建了制造业产业链迁移评价模型，如图1所示。

（一）指标体系

本报告基于已有研究成果，借鉴产业经济学理论框架，综合考虑制造业产业链迁移的内外部影响因素，构建了制造业产业链迁移评价指标体系。为全面评估我国制造业产业链迁移现状与面临的风险，将制造业迁移动向、迁移影响和迁移风险确定为一级指标。二级指标由

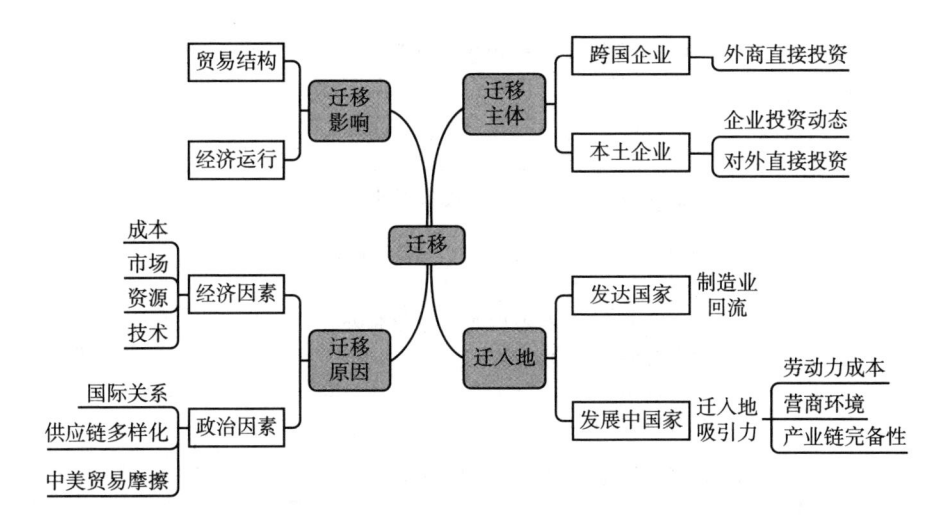

图1 制造业产业链迁移评价模型

一级指标分解确定。迁移动向反映制造业产业链实际迁移态势，其规模大小反映制造业产业链迁移的实际情况，评估指标主要以投资动向体现；迁移影响反映制造业产业链迁移对经济造成的实际影响，从贸易结构和经济运行两方面分析；迁移风险反映制造业产业链面临的迁移风险程度，评估指标主要为出口管制、发达国家制造业回流和潜在迁入地吸引力。

制造业产业链迁移评价指数计算过程如下：首先，将各项三级指标进行无量纲化处理转为正向指标，即分值越高意味着制造业产业链迁移程度越深；其次，利用层次分析法确定各指标权重；最后，根据权重进行指数合成，形成对制造业产业链迁移的评价指数。该指数评分越高，表明制造业产业链迁移越严重；迁移动向、迁移影响、迁移风险评分越高，表明企业迁移动向越显著、迁移对制造业的影响越大、面临的迁移风险越高。制造业产业链迁移评价指标体系如表2所示。

表2　制造业产业链迁移评价指标体系

一级指标	二级指标	三级指标	三级指标说明	指标方向
迁移动向	投资动向	对外商吸引力	外商直接投资增速	逆
		产业对外扩张	中国对外直接投资增速	正
		龙头企业投资意愿	行业内龙头企业海外投资动态评估,具体由专家打分	正
迁移影响	贸易结构	产业贸易竞争力	(出口量-进口量)/(出口量+进口量)	逆
		国际市场贸易占比	制造业出口到国外的产品量/当年产品产量	逆
		中国进口多元化指数	美国科尔尼公司提出,具体为:美国从中国进口总额/美国从14个低成本亚洲国家或地区进口的制成品总额	逆
	经济运行	生产能力	工业产品产量(典型产品产量增速加权平均值)	逆
		固定资产投资	固定资产投资增速	逆
迁移风险	出口管制	出口管制	出口管制涉及具体的技术和产业,由专家打分,分值越高,制造业产业链外迁风险越大,迁移可能性越高(定性)	正
	发达国家制造业回流	美国制造业回流指数	美国科尔尼公司提出,具体为:美国从14个亚洲低成本国家或地区进口的制成品总额/美国国内制造业总产值	正
	潜在迁入地吸引力	相对劳动成本	迁入地相对劳动成本/中国相对劳动成本,相对劳动成本:人均工资水平/人均GDP	逆
		营商环境	迁入地营商环境分值/中国营商环境分值	正
		产业链完备性	迁入地产业链完备性分值/中国产业链完备性分值	正

（二）指标解释

1. 对外商吸引力

该指标使用外商直接投资增速衡量，反映了国外投资者对我国中长期的投资意愿，可以体现境外投资对我国市场的关注度以及是否将投资转移到其他地区。在对行业的具体分析中，可同时对比分析该行业潜在竞争国家或地区的外商直接投资金额，判断潜在投资是否存在流失。该指标越高，表明我国对外资吸引力越强，制造业产业链潜在迁移程度越低。

2. 产业对外扩张

该指标使用中国对外直接投资增速衡量，中国对外直接投资指标在一定程度上反映了我国制造业外迁的大致情况。涉及具体行业时，参考《中国对外直接投资统计公报》中的中国资本外流增速，该指标越高，表明我国对外投资规模越大，制造业向外迁移的程度越高。

3. 龙头企业投资意愿

该指标通过影响力大的跨国链主企业与我国自主企业投资动态进行评估，分别挑选10家跨国链主企业与10家中国企业，分析其海外投资动态和生产分布情况，并进行评估打分，评分越高，意味着企业迁移意愿越强。龙头企业投资意愿评分标准如表3所示。

表3　龙头企业投资意愿评分标准

分值	评分标准
0	无外迁意愿
1	正在洽谈，但并未考虑大量外迁
2	由于市场扩张或政治胁迫等因素，已经将部分生产线或低附加值的生产环节转移到其他国家或地区，但大量生产环节仍保留在中国

续表

分值	评分标准
3	企业已将部分产品完全转向其他国家生产,甚至包括高附加值的生产环节
4	企业明确表示正在执行"中国+N"战略,大部分生产制造正在转向其他国家或地区
5	自愿/受胁迫表示将尽量完全脱离中国制造

注：①各企业分值为0~5。国内企业10家，总分为0~50，跨国链主企业10家，总分为0~50。该部分合计为0~100分。

②因主要考虑制造业，如果仅在国内保留研发中心，也可视为具有较强外迁动向，打分在4~5分。

③综合考虑迁移动态和迁移意愿，若无迁移动态但明确透露排华生产战略，打分仍将较高（4~5分）。

4. 产业贸易竞争力

该指标是贸易总额的相对值，剔除了通货膨胀等宏观因素的影响，即无论进出口的绝对量是多少，该指标均在[-1, 1]区间。指标值越接近于0，表示竞争力越接近于平均水平；指标值为-1，表示该产业只进口不出口，越接近于-1，表示竞争力越弱；指标值为1，表示该产业只出口不进口，越接近于1，则表示竞争力越大。若产业贸易竞争力出现大幅下降，则表明产业贸易结构发生变化，产业发展重心从国际转向国内，产业的国际竞争地位下降，制造业产业链迁移风险增加。

5. 国际市场贸易占比

该指标越高，表明国际市场对"中国制造"的依赖程度越高，外迁越不显著；若该指标出现显著下降，表明国内生产的产品在国际市场中的销量下降，制造业产业链迁移风险增加。

6. 中国进口多元化指数

该指标若下降，意味着生产活动从中国转移到了其他亚洲低成本国家。在对具体行业进行分析时，可将中国多元化指数细化到行业层面。

7. 生产能力

该指标主要借助工业产品产量进行评估，工业产品产量以典型产品产量增速加权平均值衡量。生产能力计算方式为：典型产品产量/产能利用率。工业产品产量增速越低，表明需求下降严重，制造业产业链迁移风险增加；生产能力越低，表明产能规模正在收缩，存在将产能直接迁出的风险。

8. 固定资产投资

该指标以固定资产投资增速进行衡量，固定资产投资增速越低，表明该行业对投资吸引力越小，行业未来成长性和生产能力越差，制造业产业链迁移可能性增加。

9. 出口管制

该指标涉及具体的技术和产业，由专家打分得出，分值越高，制造业产业链迁移可能性越高。评分标准如表4所示。

表4 出口管制评分标准

分数	评分标准
0	全力支持从该国该行业进口产品,给予一切优惠政策和扶持政策
1	免除全部关税,提供政策支持,大力鼓励企业进口
2	免除全部关税,提供政策支持
3	减免该国该行业进口部分关税,鼓励企业进口
4	减免该国该行业进口部分关税
5	中立态度,不支持也不反对,市场自由化
6	存在提高关税的倾向,小幅提高进口关税
7	提高从该国该行业的进口关税,但并不完全禁止企业采购
8	大幅提高进口关税,暗示企业减少进口
9	大幅提升进口关税,强制企业转移采购地,对违令企业进行处分
10	明文对该行业出口进行全方位限制,严禁任何企业或组织从该国进口该行业的任何产品

10. 美国制造业回流指数

该指标若为正，表明生产正在回流到美国，我国制造业产业链迁移可能性增加。在对具体行业进行分析时，可将该指数细化到行业层面。

11. 相对劳动成本

在对具体行业进行研究时，若能同时查询到中国与潜在迁入地的特定行业平均工资与该行业工业增加值，则使用（本币计价的该行业劳均劳动力成本/本币与美元间的名义汇率）/（本币计价的该行业劳均增加值/本币与美元间的购买力平价汇率）衡量该行业的相对劳动成本。

12. 营商环境

该指标综合考虑法律制度、政府效率、经济环境、人力资源等因素，由专家打分计算而来，分值越高，迁入地相对我国而言营商环境越好，我国制造业产业链迁移可能性越大。该指标可使用《营商环境报告2020》[①]作为评估标准，并参考《东盟营商环境报告2022》《企业对外投资国别（地区）营商环境指南》以及依据各行业具体迁入地的实际情况进行调整。

13. 产业链完备性

该指标综合考虑产业链长度、供应链可控性、技术优势等因素，由专家打分计算而来，分值越高，迁入地相对我国而言产业链完备性越高，我国制造业产业链迁移可能性越大。在分析具体行业时，可从潜在迁入地的行业产业链完备性入手进行分析。营商环境和产业链完备性的具体评分标准如图2所示。

---

① 2021年9月，世界银行宣布停发《营商环境报告》，因此，在营商环境分析时采用2020年世界银行发布的《营商环境报告2020》。

制造业产业链迁移评价指标体系研究

潜在迁入地营商环境差,产业链完备性远低于中国,
国际投资和生产将完全不考虑进入潜在迁入地

0
↕
10

潜在迁入地营商环境优越,产业链完备性远高于中国,
国际投资和生产将全部涌入潜在迁入地

图2 营商环境和产业链完备性评分标准

(三)指标赋权方式

指标无量纲化之后的任务就是确定不同指标合成时的权重。本报告采用主观赋权与客观赋权相结合的方法确定指标权重。具体而言,先利用变异系数法求各具体指标对上一层指标的权重,再通过层次分析法求各准则层指标对上层指标的权重,最后得出总指数,如表5所示。

表5 层次分析法—指标权重

一级指标(%)	二级指标(%)	三级指标(%)
外迁动向 (32.487)	投资动向 (32.487)	对外商吸引力(9.138)
		产业对外扩张(10.162)
		龙头企业投资意愿(13.187)
外迁影响 (37.259)	贸易结构 (22.719)	产业贸易竞争力(7.013)
		国际市场贸易占比(7.013)
		中国进口多元化指数(8.693)
	经济运行 (14.54)	生产能力(7.270)
		固定资产投资(7.270)

续表

一级指标(%)	二级指标(%)	三级指标(%)
外迁风险 (30.254)	出口管制 (10.705)	出口管制(10.705)
	发达国家制造业回流 (7.151)	美国制造业回流指数(7.151)
	潜在迁入地吸引力 (12.398)	相对劳动成本(4.116)
		营商环境(4.141)
		产业链完备性(4.141)

参考文献

周伟、郭杰浩：《国际产业转移、空间溢出与全要素生产率》，《统计与决策》2022年第3期。

张琴：《国际产业转移对我国产业结构的影响研究——基于1983~2007年外商直接投资的实证分析》，《国际贸易问题》2012年第4期。

国家外汇管理局广东省分局课题组：《南沙：以高水平开放促进深层次改革、推动高质量发展》，《中国外汇》2023年第7期。

刘佳骏：《制造业外迁与中国产业链、供应链现代化协同关系研究》，《重庆理工大学学报》（社会科学版）2022年第2期。

刘振中：《"十四五"时期我国产业发展环境的五大趋势性变化》，《经济研究参考》2020年第20期。

吴伟华：《中国劳动密集型产业跨境转移与转型升级研究》，对外经济贸易大学博士学位论文，2021。

区域篇

B.4 河北省新材料产业发展路径研究

刘曼 姚雪敏 李芳芳 文景欣 毛紫君*

摘 要： 新材料产业作为新兴产业之一，在"十四五"期间发展潜力巨大。河北省作为原材料大省，在高端合金材料、关键电子材料、高性能复合材料、先进工程塑料等领域取得一定的成绩，新材料产业规模持续扩大，政策体系不断完善。但仍存在一些制约新材料产业发展的问题，如技术创新能力弱、高水平人才缺乏、未形成专业化园区等。本报告从优化新材料产业布局、加快专业人才队伍建设、完善产业生态并打造专业化园区三方面提出河北省新材料产业发展建议。河北省要紧抓战略性新兴产业发展关键期这一机遇，

---

* 刘曼，河北省工业和信息化发展研究院，研究方向为绿色制造、新兴产业；姚雪敏，河北省电子学会，研究方向为绿色制造、区域经济、新兴产业；李芳芳，河北省工业和信息化发展研究院高级工程师，研究方向为区域经济、新兴产业；文景欣，河北省工业和信息化发展研究院，研究方向为区域经济、新兴产业；毛紫君，博士，国家工业信息安全发展研究中心工业经济所工程师，研究方向为新兴产业发展、国家产业转移。

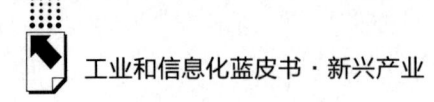

立足产业基础和优势，加快推进全省新材料产业高质量发展，推动产业集群化、数字化、绿色化发展，完善产业链，推动河北省从材料大省向材料强省转变。

关键词： 新材料　新兴产业　河北省

一　河北省新材料产业发展现状

新材料是指传统材料通过物理、化学等方法改进后，性能更加优越或产生新的特殊功能的材料。新材料产业作为中国八大战略性新兴产业之一，在"十四五"期间将会成为最具发展潜力的领域。目前，河北省新材料产业已初具规模，到2023年，产业规模已达到4000亿元。河北省在高端合金材料、关键电子材料、高性能复合材料、先进工程塑料等领域取得较快发展，初步形成了较完整的产业链，在环境功能材料、新型建筑材料、特种玻璃材料、稀土功能材料、前沿新材料等领域形成了新的经济增长点，具备了进一步发展的基础。

（一）高端合金材料

河北省高端合金材料产业起步较早，已成为河北省战略性新兴产业领域的重要组成部分，是做大做强先进制造业的基础保障和关键先导。主要细分领域有高温合金、非晶合金、特殊钢铁材料、钛合金、铝合金及镁合金等。

1. 高温合金

高温合金是以铁、钴、镍为基础，添加金属铬、钨、钼、铼、钌等，使其能在600℃以上的高温环境中，长期承受一定压力，主要用于生产航空航天领域中的发动机、燃气轮机等产品。河北省有多家高温合金的生产企业，如位于保定市的河北钢研德凯科技有限公司、位于石家庄市的石家庄盛华企业集团有限公司、位于沧州市的河北联之捷焊业科技有限公司、位于张家口市的河北五维航电科技股份有限公司、位于沧州市的国工恒昌新材料沧州有限公司。虽然河北省内相关企业都有较强的技术实力，但仍需获得更多政策和资金支持，以进一步提升在全国的竞争力。

2. 非晶合金

非晶合金是以铁、硅、镍、锑等金属为基础，采用超级冷凝固技术，使合金原子无序排列结晶，从而得到长程无序排列的金属材料，主要用于生产非晶变压器、电机、消费电子及医疗器械等精密产品。河北省的非晶合金生产企业不多，重点企业有两家，都具有一定的市场竞争力，如生产非晶带材、非晶磁芯和非晶互感器的河北瑞煜鑫泽科技有限公司，专业研发和生产非晶纳米晶铁芯、纳米晶带材、纳米电抗器、纳米共模电感、纳米变压器、纳米互感器的唐山先隆纳米金属制造股份有限公司。其他涉及非晶合金生产的企业还有位于沧州市的青县择明朗熙电子器件有限公司、位于辛集市的河北申科电子股份有限公司。但总体来看，产品相对低端，需要进一步增强创新能力，提升产品竞争力，提高市场份额。

3. 特殊钢铁材料

特殊钢铁材料具有更好的物理性能、化学性能、生物相容性和工艺性能，主要应用在汽车和机械领域。河北省是钢铁生产大省，钢铁产量占全国钢铁产量近1/4，占世界钢铁产量近1/8。河北省既有唐钢公司、邯钢公司、宣钢公司、承钢公司等产能较高、实力雄厚、市场占有率高的大型钢铁国企，也有邢台钢铁有限责任公司、敬业钢铁有限公司等在领域内有影响力的合资或民营钢铁企业。河北省钢铁生产行业仍存在企业之间无序竞争、产业集中度低、高端产品占比低、中低端产品产能过剩的问题,河北省应抓住当前特殊钢行业产品结构优化升级关键期这一机遇,发挥钢铁工业的基础优势,加快发展高性能轴承钢和齿轮钢、高等级取向硅钢、耐蚀耐候耐高温特种用钢、高强度紧固件用钢、高端铸件所需超高纯生铁等高端产品,推动河北省钢铁行业逐步进入全球高端制造业采购体系。

4. 钛合金

钛合金是一种以钛为基础,通过添加其他元素制成的合金材料,具有密度小、比强度高、耐高温、耐腐蚀等优点,因其优越的轻质化物理机械性能,被广泛地应用在航空航天领域。目前,河北省承德市的钒钛磁铁矿储量大约为80亿吨,丰富的钛资源是发展钛合金产业重要的物质基础。河北省承德市已形成了从采矿、冶炼到合金产品生产的产业链。具有代表性的承德建龙特殊钢有限公司,生产有自身特色的钒钛特钢;河钢集团独资的承德新新钒钛股份有限公司立足钒钛资源综合开发,连续8年市场占有率居全国第一,其按英国标准BS4449生产的含钒高屈服强度钢筋,早在20世纪80年代就出口香港,是"国家免检产品"。

5. 铝合金

铝合金是一种以铝为基础,通过添加铜、硅、镁、锌、锰等元素制成的合金材料,具有低密度、高强度等特点,并具有优异的机械性能、物理性能和抗腐蚀性能,被广泛应用于航空航天、汽车及船舶等领域。河北省保定市有多家铝合金生产重点企业,如立中四通轻合金集团股份有限公司,产品涉及中间合金新材料、再生铸造铝合金和铝合金车轮;还有以保定隆达铝业有限公司为代表的铝合金铸锭、铝液生产企业。

6. 镁合金

镁合金被称为"21世纪的绿色环保结构材料",具有比强度高、比刚度大、消震性好、承受冲击载荷能力大、无生物毒性等优点。世界已探明的陆地镁资源约35%在中国,居世界首位,低成本的开采优势使我国成为原镁材料出口大国,但高端镁合金产业发展缓慢。河北省生产镁合金材料的相关企业主要有河北钢研德凯科技有限公司、唐山威豪镁粉有限公司、中信戴卡股份有限公司、河北尔伦镁合金制造有限公司、河北镁轮镁合金科技有限公司等。但目前河北省的镁合金产业仍存在龙头企业少、中小型企业偏多、企业自动化及数字化程度低、研发能力差、缺乏市场竞争力等问题,迫切需要引进国外镁合金高端产业化技术和先进加工装备,立足原镁就地取材,尽快实现本土镁合金产业转型升级,争取在较短时间内打造镁合金战略性产业基地。

(二)关键电子材料

1. 硅基材料

硅基材料具有抗辐射、耐高温、可靠性好、兼容性强等优点,是电子行业中最重要的半导体材料之一,被用于制造各种电子设备,如集成电路、太阳能电池板和光伏电池等。河北省在半导体硅材料领域的企业并不多,河北普兴电子科技股份有限公司主要研发和生产高性能半导体材料外延产品。

2. 半导体材料

第三代半导体材料主要是碳化硅,具有耐高温高压、高热导率、高频率、高可靠性、高饱和电子漂移速率等特点,是5G、人工智能、工业互联网等领域的重要材料,同时也是世界各国半导体领域的研究热点。目前,中国电子科技集团公司第十三研究所致力于微电子、光电子、高端传感器等领域的研发、设计、加工,河北省在全产业链进行布局，抢占发展先机，成为全国为数不多的、拥有比较完善的第三代半导体产业链的省份之一，主要代表企业有河北同光晶体有限公司、河北普兴电子科技股份有限公司等。但目前河北省半导体行业仍存在关键技术攻关难度大、上下游企业协同不足、创新能力较弱、专业人才相对稀缺等问题。

3. 锂电

锂是化学元素周期表中的第一个金属元素，金属形态的锂是自然界最轻的金属，密度只有轻金属铝的1/5。随着新兴产业的快速发展，锂被广泛应用于高能电池、储能、航空航天、受控核反应等多个领域，被称为"工业味精""宇航合金""白色石油""21世纪最有应用潜力的金属"。河北省锂离子产业发展势头良好，产业链较为完整，拥有正极材料、负极材料、电解液添加剂、隔膜、回收再生利用全产业链。2022年，河北省锂离子电池产量达2856.2万只，营业收入191亿元。河北省锂离子相关企业有60余家。河北省符合《锂离子电池行业规范条件（2021年本）》的企业2家，分别为河北金力新能源科技股份有限公司、秦皇岛芯驰光电科技有限公司。

（三）高性能复合材料

1. 碳纤维

碳纤维是一种轻质高强的材料，被誉为"新材料之王"。目前，我国高性能碳纤维技术与美国、日本相比仍有较大差距。河北省高性能碳纤维产业基础较薄弱，企业规模较小，大型骨干企业偏少，多数高性能碳纤维产业和重点企业分布在邯郸、石家庄等地区。目前，河北省高性能碳纤维产业缺少国家级大型产业基地，产业聚集度不高，生产企业大多以单点形式发展，产业链内部及产业链之间衔接不够紧密，集群优势难以发挥。河北省碳纤维和芳纶纤维产业的龙头企业是河北硅谷化工有限公司，该公司主导产品包括高性能碳纤维、碳纤维复合材料、芳纶纤维制品。

2. 玻璃纤维

玻璃纤维是以叶蜡石、石英砂、石灰石、白云石、硼钙石、硼镁石6种矿石为原料，经高温熔制后拉成细丝，再经过络纱、织布等工艺制成的材料。玻璃纤维因具有较高的绝缘性、耐热性、耐腐蚀性等优点而被广泛应用，但其仍存在脆性高、耐磨性差等缺点。玻璃纤维通常应用于复合材料的增强材料、电绝缘材料、绝热保温材料、电路基板的生产。河北省玻璃纤维的生产企业是华美节能科技集团玻璃棉制品有限公司。

3. 陶瓷纤维

陶瓷纤维是一种新型轻质耐火材料，具有容重轻、耐高温、热稳定性好、热传导率低、热容小、抗机械振动好、受热膨胀小、隔热性能好等优点，经特殊加工，可制成硅酸铝纤维板、硅酸铝纤维毡、硅酸铝纤维绳、硅酸铝纤维毯等产品。此类新型密封材料具有耐高温、导热系数低、容重轻、使用寿命长、抗拉强度大、弹性好、无毒等优点，是取代石棉的新型材料，广泛用于冶金、电力、机械、化工等领域热能设备的生产。河北省的陶瓷纤维产业主要分布在唐山市、廊坊市和沧州市。

（四）先进工程塑料

先进工程塑料主要包括聚酰胺、聚碳酸酯、聚甲醛、聚苯醚和聚酯，并被誉为"工程塑料五虎将"。聚酰胺是一种性能优越的工程塑料，具有耐腐蚀性、耐油性、耐热性和高模量等特点。通过增强和阻燃改性，聚酰胺的耐热性、模量尺寸稳定性和阻燃性得到显著提升，广泛应用于汽车制造、电子设备、纺织品、建筑材料、运动器材、仿制件制造等领域。聚碳酸酯无色透明、耐冲击、耐热、阻燃，具有良好的力学性能。通过改性，聚碳酸酯的阻燃性和强度显著提升，广泛应用在汽车零部件、OA产品、电子电气产品等领域。聚甲醛是一种高硬度、耐磨、抗蠕变、耐化学腐蚀的工程塑料。通过增强和增韧改性，聚甲醛的耐热性、强度、阻燃性、耐磨性等得到显著提升，广泛应用于汽车、电器、家电等领域。聚苯醚具有非常优越的物理机械性能，具有耐热性、电绝缘性和低吸湿性的特点。通过改性，聚苯醚材料具阻燃性、导电性等特点，广泛应用于化纤、包装、电子器件、机械等领域。聚酯具有高韧性、耐疲劳性、耐热性、耐候性、低吸水率等特点。通过增强和阻燃改性，聚酯的耐热性、模量尺寸稳定性和阻燃性能得到显著提升，广泛应用于汽车、电子电器、家用电器等领域。

河北省的工程塑料产业已初具规模，全省有几十家生产企业，主要分布在唐山（聚甲醛）、沧州（聚酰胺、聚碳酸酯）等市，但单体生产规模相对较小，企业分布较为分散。近几年，河北省工程塑料各生产企业加大研发力度，与国内科研院所合作，使省内的工程塑料生产技术得到了较大提升，产品档次不断提高。

（五）环境功能材料

环境功能材料因其自身独特的环境协调性和优良的环境净化功能而备受关注，主要原料为天然非金属矿物质，包含海泡石、蒙脱石、电气石、硅藻土、铁尾矿以及植物秸秆等。环境功能材料能吸附气体和溶液中的有害物质，可用于建筑材料、包装材料、生物质能源材料的生产。河北省的环境功能材料生产主要集中在沧州市。

（六）新型建筑材料

1. 保温装饰一体板

保温装饰一体板是一种集装饰、节能、防火、防水、环保于一体的新型化学建材。保温装饰一体板具有功能多样性、质量批次稳定、不受施工环境影响、绿色环保等优点。河北省保温装饰材料主要生产企业集中在承德市，其中，新型墙材生产企业82家，主要产品为新型墙体材料（不含保温材料）；新型砖类生产企业26家，主要产品为煤矸石页岩烧结多孔砖、页岩烧结多孔砖、混凝土砖、蒸压粉煤灰砖、蒸压灰砂砖等；建筑砌块类生产企业42家，主要产品为各类空心砌块及混凝土砌块等；建筑墙板类生产企业12家，主要产品为建筑隔墙用轻质条板、CL网架板、工业灰渣混凝土空心隔墙条板等。

2. 发泡陶瓷

发泡陶瓷是以陶土尾矿、河道淤泥、陶瓷固体废料为主要原料，磨粉后添加特殊发泡剂，制料工艺采用干法或湿法，布料成型后再高温煅烧而成的绿色环保新型板材。发泡陶瓷的主要优点为轻质、高强、防火阻燃、防水防潮、保温隔热、隔音降噪、绿色环保、安装简便。河北省承德市作为全国首批12个工业资源综合利用示范基地之一，充分挖掘尾矿资源潜力，在元素提取、大宗工业固废利用、新型建材、装配式建筑等方面持续发力，力争打造"京北最大的新型建材生产基地"。河北省生产发泡陶瓷的代表企业为河北恒钏建筑材料有限公司。

（七）特种玻璃材料

石英管材是用二氧化硅制造的特种工业技术玻璃。石英材料具有纯度高、耐温性能好、抗析晶性好、耐腐蚀等优点，主要应用于晶圆制造环节。光纤、半导体制备技术的发展，对制备用石英管材的高纯度、低羟基、高几何精度等方面也提出更高要求，高纯度、高大尺寸规格是未来石英材料的主要技术发展方向。河北省生产特种玻璃材料的企业主要集中在邢台市和沧州市。

（八）稀土功能材料

稀土主要应用于军事、冶金、石油化工、玻璃陶瓷、新材料等领域，河北省将稀土永磁的节能环保作为重点发展方向。节能方面，围绕满足工业、建筑、交通等重点领域节能增效的需求，稀土永磁无铁芯电机等工业节能设备的技术水平得到了大幅提升；环保方面，围绕满足大气、水、土壤污染治理的需求，稀土强化电气石的脱硝催化剂等大气污染防治设备生产规模不断扩大。河北雄安稀土功能材料创新中心有限公司联合6家稀土领域央企、7家上市公司，组建了"河北省稀土功能材料制造业创新中心"，该中心以突破产业短板为研发定位，加强创新成果转化能力建设，加快推进先进技术产业化应用，打造世界级稀土先进制造业集群，推动我国从稀土资源优势向产业优势转化，并最终向战略优势转化。

（九）碳基新材料

碳基新材料是指以碳为主要成分的新型材料，具有良好的物理、化学和机械性能，广泛应用于能源、环保、航空航天、电子、医疗等领域。其中，石墨烯是一种由单层碳原子构成的二维材料，具有极高的强度、导电性和导热性。石墨烯的合成原料为天然石墨，天然石墨在我国储量丰富且品位较高。但目前我国大量的石墨资源以粗加工原料的方式出口。河北省生产石墨烯新材料的代表企业是河北燕园众欣石墨烯科技有限公司。

（十）增材制造材料

增材制造又称"3D打印"，是由三维数据驱动，通过材料逐层叠加制造零件的工艺。该工艺通常经过六大步骤生产完成，3D

建模、转化为 STL、切片处理、增材制造、去除增材制造支撑和产品的后处理。目前，3D 打印制品已被成功应用于航空航天、船舶、汽车、轨道交通、模具制造、核工业、医疗、家电、文创等领域。近年来，河北省加大对增材制造企业的扶持力度。河北敬业增材制造科技有限公司独立研发各类金属粉末；唐山威豪镁粉有限公司是国内唯一工业化生产雾化球形系列镁合金粉及高纯雾化球形镁粉的企业，其高纯雾化球形镁粉在国内尚属首创，生产技术达到国际先进水平；中航迈特粉冶科技（固安）有限公司自主研制了符合航标、国军标等标准的粉末产品。但目前河北省的增材制造产业仍存在产业规模小、关键核心设备零件受制于国外、创新不足、专用材料性能不高、配套体系尚未形成、相关检测评价体系不健全等问题。

（十一）纳米功能材料

随着房地产、高档家电、工业用热工设备等行业的发展，高效纳米绝热材料的需求量快速增长。真空绝热板主要用于被动房、薄抹灰、一体化板、内保温等产品的生产，工业领域正持续推进超级绝热材料（纳米绝热毡，纳米绝热板等）的开发和应用。

二 新材料产业政策体系发展现状

近年来，国家出台了一系列推进新材料发展的政策（见表1），为新材料高质量发展提供方向指引。

表 1　新材料产业政策汇总

时间	发布单位	政策文件	新材料领域
2016年7月	工业和信息化部、国家发展和改革委员会、科学技术部、财政部	《关于加快新材料产业创新发展的指导意见》	高品质钢铁材料、新型轻合金材料、工业陶瓷及功能玻璃等先进基础材料；耐高温及耐蚀合金、高性能纤维及其复合材料、先进半导体材料、生物医用材料等关键战略材料；石墨烯、增材制造材料、智能材料、超材料等前沿材料
2016年10月	工业和信息化部	《稀土行业发展规划（2016—2020年）》	稀土磁性材料、稀土光功能材料、稀土储氢材料、稀土催化材料、稀土合金材料、高纯稀土材料绿色制备工艺技术、稀土基础理论研究
2016年10月	工业和信息化部	《有色金属工业发展规划(2016—2020年)》	铜、铝、铅、锌、镍、锡、锑、汞、镁、钛等十种常用有色金属，以及钨、钼、锂、黄金、锆、铟、锗、镓、钴等主要稀贵金属
2017年1月	工业和信息化部、国家发展和改革委员会、科学技术部、财政部	《新材料产业发展指南》	信息技术材料、稀土磁性材料、航空航天装备材料
2018年3月	工业和信息化部、国家发展和改革委员会、科学技术部、中国科学院、国家标准化管理委员会等九部委	《新材料标准领航行动计划（2018—2020）》	研制碳纤维及其复合材料、高温合金、高端装备用特种合金、先进半导体材料、新型显示材料、增材制造材料、稀土新材料、石墨烯新材料标准；建设新材料标准化平台
2018年10月	工业和信息化部、科学技术部、商务部、国家市场监督管理总局	《原材料工业质量提升三年行动方案(2018—2020年)》	钢铁、有色金属、石化化工和建材

续表

时间	发布单位	政策文件	新材料领域
2021年12月	工业和信息化部、科学技术部、自然资源部	《关于印发"十四五"原材料工业发展规划的通知》	高温合金、航空轻合金材料、超高纯稀土金属及化合物、高性能特种钢、可降解生物材料、特种涂层、光刻胶、靶材、抛光液、工业气体、仿生合成橡胶、人工晶体、高性能功能玻璃、先进陶瓷材料、特种分离膜以及高性能稀土磁性、催化、光功能、储氢材料
2022年9月	工业和信息化部、国务院国有资产监督管理委员会、国家市场监督管理总局、国家知识产权局	《原材料工业"三品"实施方案》	高温合金、高性能特种合金、稀土功能材料、生物基和生物医用材料、石墨烯材料、量子材料、智能材料
2023年8月	工业和信息化部、国务院国有资产监督管理委员会	《工业和信息化部 国务院国资委关于印发前沿材料产业化重点发展指导目录(第一批)的通知》	超材料、超导材料、单/双壁碳纳米管、二维半导体材料、负膨胀合金材料、高熵合金、钙钛矿材料、高性能气凝胶隔热材料、金属有机氢化物、金属基单原子合金催化材料、量子点材料、石墨烯、先进光学晶体材料、先进3D打印材料、液态金属
2023年12月	工业和信息化部	《重点新材料首批次应用示范指导目录(2024年版)的通告》	先进钢铁材料、先进有色金属、先进化工材料、先进无机非金属材料、高性能纤维及复合材料、稀土功能材料、先进半导体材料和新型显示材料、新型能源材料、生物医用及生物降解材料、前沿材料
2024年1月	工业和信息化部、国家发展和改革委员会、财政部、自然资源部、生态环境部、国务院国有资产监督管理委员会、国家市场监督管理总局、中国科学院、中国工程院	《原材料工业数字化转型工作方案(2024—2026年)》	石化化工、钢铁、有色金属、建材

续表

时间	发布单位	政策文件	新材料领域
2024年1月	工业和信息化部、教育部、科学技术部、交通运输部、文化和旅游部、国务院国有资产监督管理委员会、中国科学院	《关于推动未来产业创新发展的实施意见》	高性能碳纤维、先进半导体、超导材料

资料来源：根据公开资料不完全统计。

《中华人民共和国国民经济和社会发展第十四个五年规划和2035年远景目标纲要》指出，我国要通过打造合适、优势产业集群，充分发挥协同效应，完善新材料产业发展体系，推动高端稀土功能材料、高品质特殊钢材、高性能合金、高温合金、高纯稀有金属材料、高性能陶瓷、电子玻璃等先进金属和无机非金属材料取得突破，加强碳纤维、芳纶等高性能纤维及其复合材料、生物基和生物医用材料研发应用，加快茂金属聚乙烯等高性能树脂和集成电路用光刻胶等电子高纯材料关键技术突破。

《河北省促进新材料产业创新发展的实施方案》指出，深入落实省委、省政府关于推进重点产业高质量发展的决策部署，立足河北省新材料产业基础、市场需求和发展优势，聚焦高端铁基材料、关键电子材料、高性能复合材料、先进工程塑料、环境功能材料、新型建筑材料、特种玻璃材料、稀土功能材料、前沿新材料等重点领域，坚持需求牵引、开放合作、协同创新，推动构建以企业为主体，高校和研发机构为支撑，产学研用协同，上下游共同推进的新材料产业发展体系，加快壮大新材料产业规模，促进产业绿色创新发展。

三 河北省新材料产业发展存在的问题

河北省新材料产业在发展迅速的同时,也面临着一些问题,主要体现在以下几个方面。

(一)技术创新能力不足

技术创新是新材料产业高质量发展的核心动力,是提升企业核心竞争力的关键。然而,受内部和外部因素叠加影响,除少数发展较好的企业外,很多新材料企业发展信心不足,投资积极性有所减弱,科技研发投入不够,产品类型单一,产品附加值不高,产品市场竞争力下降。部分企业对科研创新平台的作用认识不足,尚未建立设计研发中心,对市场的开发能力不足。龙头企业对上下游企业辐射带动作用不明显,在国内外有较高影响力和市场占有率的知名品牌少。

(二)高水平人才缺乏

新材料产业具有技术高度密集、研究与开发投入高等特点,是高技术竞争的关键领域。因此,新材料产业更需要较高水平的专业技术人员。河北省新材料产业发展时间短,高端人才储备不足。受区位条件影响,河北省大部分新材料生产企业存在招工难问题,高学历专业技术人才、高水平技师不足,专业技术人才引进困难,尤其是创新型复合人才稀缺。企业职工学历相对偏低,制约新材料产业发展进程。

(三)未形成专业化园区

我国对新材料产业园区的建设和发展高度重视,出台了多项推动新材料产业园区发展的政策。随着产业发展进入深化调整阶段,新材料产业园区作为新时期新材料产业战略转型的重要载体,未来发展潜力巨大。然而,河北省各级政府和主管部门尚未形成统一的、专业性的新材料产业园区建设管理规范与标准,园区的基础设施建设和公共服务配套能力不足。同时,园区内多数企业尚不能满足上市融资条件,银行贷款仍是企业主要的融资渠道,但银行贷款门槛较高,企业流动资金不足。

四 河北省新材料产业发展路径及建议

(一)有层次有步骤优化新材料产业布局

1. 大力发展有基础优势的新材料产业

立足河北省产业基础和优势,重点发展高端合金材料、关键电子材料、高性能纤维复合材料和先进工程塑料,壮大现有产业规模,延伸产业链条,完善产业生态,打造国内重要产业基地。

高端合金材料方面。瞄准轨道交通、新能源汽车、海洋装备、航空航天等高端装备制造需求,发挥河北省的钢铁工业基础优势,加快发展高性能轴承钢和齿轮钢、高等级取向硅钢、耐蚀耐候耐高温特种用钢、高强度紧固件用钢、高端铸件所需超高纯生铁等,大力发展高温合金、硬质合金、非晶合金、超高纯铁、高档工模具钢等,发挥承德市的钒钛磁铁矿资源优势,加强钒钛提取技术研究。

关键电子材料方面。依托河北省在硅材料、碳化硅以及锂电池领域的优势,扶持相关企业,加大资金投入,解决一批"卡脖子"问题,引导培育产业集群,依托中国电子科技集团公司第十三研究所,以及同光晶体有限公司、通美晶体技术有限公司等骨干企业,加强院企、校企协同创新,以高强度、大尺寸、低缺陷、高性能和低成本为主攻方向,加快碳化硅、氮化镓、磷化铟等第三代半导体材料的研发和产业化发展。

高性能复合材料方面。加快高性能碳纤维及其复合材料的发展，支持碳纤维材料关键技术研发，大力发展T800级以上碳纤维和耐高温、耐腐蚀、高强高模等新型纤维及其复合材料，做大做强玻璃纤维行业，发展高性能玻璃纤维、特种玻璃纤维、热塑性玻璃纤维、玻纤制品。

先进工程塑料方面。延伸聚氨酯塑料、泡沫、胶黏剂、涂料、热塑性聚氨酯弹性体产业链，形成完整产业集群，发展苯二甲酸下游工程塑料产品，如聚对苯二甲酸丁二醇酯、聚对苯二甲酸丙二醇酯、聚对苯二甲酸乙二醇酯等；完善聚碳酸酯、聚甲醛等产业。

2. 积极培育市场需求大的新材料产业

选择河北省市场需求大的新材料细分领域，以市场需求为牵引，培育与引进并重，重点发展环境功能材料、新型建筑材料、特种玻璃材料和稀土功能材料，培育形成新的新材料产业集群。

环境功能材料方面。围绕水处理、土壤处理、水净化、空气净化等环保领域，加快发展环境功能新材料，加强膜材料的开发生产以及在污水处理、海水淡化、空气净化等方面的应用。加快生物复合絮凝剂、硅藻土等高效水处理剂，以及海泡石、蒙脱石等土壤处理矿物功能材料的产业化发展，促进可降解材料、高效环保助剂等环保新材料的创新发展。

新型建筑材料方面。重点发展绿色建筑功能材料，加快发展结构保温、结构装饰一体化板材；加快发展轻质、高强、利废的新型墙体材料；加快发展防水涂料、静电粉末涂料、防火涂料、保温涂料等特种涂料。开发具有特殊功能、性能优良的高分子聚合物改性沥青，开发生产预压膨胀密封带等密封材料，加快装配式建筑的发展。

特种玻璃材料方面。大力发展建筑、家用及车用的功能性玻璃，抓住新能源产业发展机遇，提高河北省太阳能光伏市场占有率。相关企业应加强与科研院所的合作，开发生产在线低辐射镀膜玻璃、真空节能玻璃、碲化镉发电玻璃、高硼硅耐热冲击玻璃、药用中性硼硅玻璃、高铝玻璃等新型产品。鼓励产学研用深度融合，培育新的增长点。

稀土功能材料方面。围绕稀土深加工和应用，大力发展稀土永磁材料、稀土催化材料、稀土储氢材料。围绕汽车尾气净化、工厂废气脱硝、石油催化裂化等制造需求，重点发展稀土催化材料。围绕新能源汽车动力电池、燃料电池等制造需求，重点发展高性能稀土储氢材料。围绕汽车轮毂、高压电缆等制造需求，大力发展用于有色金属材料的专用稀土添加剂，提高产品性能。

3. 加速布局有市场前景的前沿新材料产业

聚焦产业未来发展方向和前沿领域，围绕碳基新材料、增材制造材料、纳米功能材料的发展需求，加强对外合作，引进高端人才及先进技术，培育具有发展潜力的产品和企业。

碳基新材料方面。加快推进高纯石墨、改性石墨、石墨烯、超级电容石墨等碳基新材料的开发与产业化。围绕冶金、化工、装备制造、电子信息等领域的需求，发展石墨负极材料、石墨润滑剂、石墨密封材料、石墨防辐射材料、石墨隔热材料等。围绕新能源、节能环保、大健康等领域的需求，发展石墨烯复合电极材料、石墨烯导电剂、石墨烯改性防腐材料、石墨烯改性纤维、石墨烯导热材料等。

增材制造材料方面。加快金属、无机非金属、高分子、生物等增材制造材料的研发与产业化发展。面向航空航天、汽车、船舶、电力装备等重点制造领域，促进异型复杂部件制造、大型构件修复、复杂腔型模具、铸造专用大幅面砂型（芯）等增材制造产业发展。

纳米功能材料方面。围绕纳米材料在建材、能源、生物医学、环保等领域的应用，推广低成本、高比强、高比模和高稳定性的纳米材料，研发高附加值应用产品和高技术含量纳米终端材料产品。

（二）加快专业人才队伍建设

加强新材料领域领军人才、高层次创新创业人才、高技能人才队伍建设，鼓励高校、科研院所加大产业人才培养力度，支持职业院校建设人才技能实训基地，培养新材料产业发展急需的技能型人才。瞄准国际国内优势企业、高端人才、先进技术，结合河北省新材料产业特色，按照"缺什么，补什么"原则，确定主攻方向，集中资金、人才、技术等要素予以重点支持，加快形成示范带动效应。各级政府部门应按照职责，完善人才引进和培养计划，根据新材料产业发展对高新技术人才的需求，出台优秀人才引进激励政策，畅通人才引进渠道，鼓励企业与高校、科研院所合作，根据产业特点定向培养技术人员。

（三）完善产业生态，打造专业化园区

1. 创新驱动促新材料产业高质量发展

将创新作为推动新材料产业高质量发展的第一动力，引导企业更加注重工艺技术的基础研究和应用研究，发挥龙头骨干企业和河北省国家级创新平台的作用，围绕产业"卡脖子"技术问题，加强重点领域的新技术新产品开发，对关键技术难题实施重点技术研发"揭榜挂帅"，提升产业科技创新能力。加强河北省钢铁实验室、河北省稀土功能材料制造业创新中心建设，推动建设生产应用示范平台、测试评价平台、产业创新中心等技术创新服务平台，支撑产业创新发展。

2. 提升产业园区集聚效应和服务能力

鼓励优势产业、龙头企业向园区集聚，明确新材料产业园区的功能布局、投入产出等要求，因地制宜选择政府主导的发展方式，或以特许经营的方式与战略投资者、专业园区运营商等社会资本合作，按

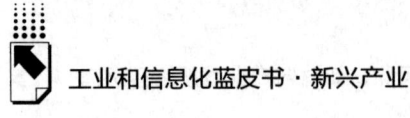

照"布局集中、用地集约、产业集聚"的要求，整合优化资源，加快完善基础设施，打造具有竞争力的产业园区。提升园区平台的产业集聚能力，进一步发挥科技龙头企业的辐射带动作用，将园区企业做大、产业做强。提升园区平台的创业服务能力，支持园区平台建立完善的公共服务平台体系，对平台建设给予补助、政策贴息等支持。引导民间资本和专业机构设立孵化器、众创空间等创新创业场地，引进高水平专业服务机构与团队，为创新创业者提供公益专业咨询和法律服务、创业培训等支持。

参考文献

昝红霞：《钛合金零件的机械加工工艺和质量控制》，《商品和质量》2021年第26期。

郭锐：《我国应高度重视镁合金战略产业》，《中国经济时报》2020年5月18日。

邢凯、朱清：《全球锂资源特征及市场发展态势分析》，《地质通报》2023年2月10日。

朱立新：《河北省新材料产业发展重点领域及推进策略》，《河北学刊》2011年第3期。

国际篇

B.5 越南吸引国际制造业迁移的现状和趋势研判

毛紫君[*]

摘 要： 2023年以来，中国电子信息和光伏企业加速在越南布局，越南吸引国际投资的趋势不减，越南出口欧美的贸易订单量有所下降。越南能够吸引国际制造业迁移，主要因为其拥有与中国接壤且临海的区位优势、与世界主要经济体签署自由贸易协定的关税成本优势、吸引国际投资的生产成本优势、稳定且持续优化的政策环境优势。研判未来，中越经贸合作多于竞争。为有效应对制造业迁移，我国应深化中越制造业产业链供应链合作，加强对国际制造业迁移动态的追踪，并积极开展多边国际合作。

关键词： 制造业迁移 成本优势 产业链供应链 中越贸易

---

[*] 毛紫君，博士，国家工业信息安全发展研究中心工业经济所工程师，研究方向为新兴产业发展、国际产业转移。

一　现状分析

（一）中国电子信息和光伏企业加速在越南布局

电子信息企业方面，在苹果产业链迁移的影响下，不少来自中国的苹果产业链供应链企业在越南建厂。2023年以来，电子信息制造业企业加速在越南投资布局。例如，位于中国台湾的全球第一大笔记本电脑代工厂广达于2023年4月宣布，将首次在越南设厂，投资额为5000万美元；中国欣旺达2023年4月宣布，在越南设立全资子公司生产加工锂电池，注册资本400万美元；2023年8月，全球印刷电路板制造百强企业胜宏科技宣布，将在越南北宁VSIP工业园投资4亿美元建电子元件厂；2024年1月，苹果供应商巨头歌尔声学宣布，追加投资2.8亿美元在越南设立一家全资子公司，在越南生产AirPods、智能手表、VR/AR设备等消费电子产品。

光伏企业方面，出于对劳动力成本、政策优惠、地缘政治等因素的考虑，中国光伏企业加速在越南投资建立供应链。光伏制造龙头企业晶澳科技于2023年8月宣布，拟在越南投资建设高效电池项目，这是晶澳科技第二次在越南投资建厂；2023年8月，博威集团计划在越南投资3.5亿美元建设太阳能生产厂，重点生产光伏电池、光伏组件及高级合金带材；2023年11月，中国太阳能电池板大厂天合光能计划投资4亿美元在越南投资建立第三家工厂，天合光能有意向追加6亿美元投资越南的光伏产业。目前，越南的北江和北宁两省是中国最大的海外光伏产品生产基地。

（二）越南吸引国际投资趋势不减

2023年以来，越南吸引国际投资不断增加。越南计划与投资部统计数据显示，截至2023年12月20日，越南吸引外商直接投资额为366亿美元，同比增长32.1%。其中，新签项目3188个、新签项目投资额为202亿美元。从投资来源看，新加坡、日本、中国、韩国为主要投资国。截至2023年12月，在对越南投资的111个国家和地区中，新加坡投资68亿美元，占越南吸引外资总额的18.6%，位居第一，日本、中国香港、中国大陆、韩国和中国台湾紧随其后。其中，中国大陆对越南投资44.7亿美元，同比增长77.6%。

（三）越南出口欧美的贸易订单量有所下降

外需疲软，越南出口持续下跌。越南工贸部数据显示，2023年，越南货物进出口总额达6830亿美元，同比下降6.9%。其中，出口额和进口额分别下跌4.6%和9.2%。从商品类别来看，越南最主要的出口产品中，计算机、电气产品及其零部件出口额为573.4亿美元，同比增长3.2%；电话机、移动电话及其零部件出口额为523.8亿美元，同比下降9.7%；纺织品服装出口额为333.3亿美元，同比下降11.4%。受美国制造业回流政策影响，越南对欧美出口遭冲击，市场份额下降。越南《工贸报》数据显示，2023年，在保持多年高速增长后，越南对欧美主要市场的出口首次出现大幅下滑：对美国出口969亿美元，较2022年下降12.4%；对欧盟出口437亿美元，较2022年下降6.7%。

二　原因分析

（一）与中国接壤且临海的区位优势，为中间品进口和国际贸易提供交通便利

从地理区位来看，越南自北向南呈S形特征，北与中国广西和云南

接壤，西与老挝和柬埔寨交界，东、南和西南被连续绵长的海岸线环绕，具备承接国际制造业迁移的区位优势。一方面，越南因毗邻中国具有零部件和原材料进口的运输便利性。迁往越南的国际电子信息制造业企业集中布局在北部而非南部地区，目的是利用中越之间发达的路网优势提高零部件和原材料送达效率，同时充分发挥临近中国制造业中心深圳的地理优势。例如，苹果、LG、富士康布局在北部的海防市，歌尔声学、鸿海布局在北部的北宁省，三星在北宁省和太原省建设了两个生产基地。另一方面，越南发达的港口物流网络加速国际制造业迁移。越南国土地形狭长、三面环海，独特的地形使其国内和国际港口物流网络发达，加速了国际制造业供应链向越南迁移。越南的港口运输对陆地渗透力强，向南靠近国际贸易通道马六甲海峡，港口运输潜力大。

（二）与世界主要经济体签署自由贸易协定，为国际贸易合作提供关税优惠

从国际贸易来看，越南与世界主要经济体签署了多项自由贸易协定（见表1），在国际贸易中越南企业可以享受进出口关税减免优惠，越南具备承接国际制造业迁移的关税成本优势。一方面，中越互为贸易合作伙伴，中国是最早与东盟成员国签署自由贸易协定的国家之一，为越南承接中国制造业迁移奠定了合作基础。另一方面，越南也是目前唯一与欧盟签署自由贸易协定的东南亚发展中国家，已经以自身或东盟成员国的身份与英国、日本、韩国、澳大利亚、新西兰等国家签署了双边和多边自由贸易协定。例如，《越南与欧盟自由贸易协定》（EVFTA）规定越欧间99%的货物贸易关税将在2030年前逐渐削减，直至全部取消，EVFTA实施的第一年与第二年，越欧双边贸易额同比分别增长了12.1%、11.9%。2022年，越南获发欧盟原产地证书（EUR1）的货物出口总额占对欧盟出口总额比重超20%，40%的越南工业企业受益。

表1 越南签署的自由贸易协定

编号	自由贸易协定名称	生效年份	涉及国家和地区
1	东盟自由贸易区(AFTA)	1993	东盟10国
2	《东盟-韩国自由贸易协定》(AKFTA)	2007	东盟、韩国
3	《东盟-日本全面经济伙伴关系协定》(AJCEP)	2008	东盟、日本
4	《越南-日本经济伙伴协定》(CJEPA)	2009	越南、日本
5	《中国-东盟自由贸易协定》(CAFTA)	2010	中国、东盟
6	《东盟-印度自由贸易协定》(AIFTA)	2010	东盟、印度
7	《东盟-澳大利亚-新西兰自由贸易协定》(AANZFTA)	2010	东盟、澳大利亚、新西兰
8	《越南-智利自由贸易协定》(VCFTA)	2014	越南、智利
9	《越南-韩国自由贸易协定》(VKFTA)	2015	越南、韩国
10	《越南-欧亚经济联盟自由贸易协定》(VN-EAEU FTA)	2016	越南、欧亚经济联盟
11	《全面与进步跨太平洋伙伴关系协定》(CPTPP)	2018	日本、加拿大、澳大利亚、智利、新西兰、新加坡、文莱、马来西亚、越南、墨西哥和秘鲁
12	《东盟与香港(中国)自由贸易协定》(AHKFTA)	2019	东盟、中国香港
13	《越南与欧盟自由贸易协定》(EVFTA)	2020	越南、欧盟
14	《越南-英国自由贸易协定》(UKVFTA)	2020	越南、英国
15	《区域全面经济伙伴关系协定》(RECP)	2022	中国、日本、韩国、澳大利亚、新西兰、东盟共15个成员国

资料来源：根据公开资料整理。

（三）吸引国际投资的生产成本优势，加速国际制造业迁移

从国际投资来看，越南企业所得税优惠力度大，劳动力成本低，承接国际制造业迁移具备生产成本优势。一方面，越南政府注重发挥企业所得税在经济结构调整中的积极作用，通过企业所得税优惠政策吸引国际制造业迁移。越南的企业所得税税率为20%，外国投资者在越南政府鼓励的行业或者特定地区投资，可享受免税或减税的企业所得税税收优惠。例如，在出口加工区投资的绝大多数企业可享受免税待遇；在越南政府鼓励的行业投资可享受15年内10%的税收优惠，如高新技术、软件产品、生物技术、科学研究、重点基础设施开发等领域。另一方面，越南较低的劳动力成本促进了劳动密集型国际制造业迁移。全球经济指标（Trading Economics）数据显示，2022年越南制造业企业平均工资为770万越南盾/月，约合当期人民币2233元/月。

（四）稳定且持续优化的政策环境优势，吸引国际制造业企业迁入

越南政府重视产业链配套工业体系建设，不断优化营商环境。例如，越南政府早在2020年就提出，到2030年配套工业产品将满足国内生产和消费需求的70%的目标，并提出7项举措以促进配套工业发展。越南政府2023年又提出推动经济社会发展、改善营商环境、提高国家竞争力的11项任务和措施。越南稳定且持续优化的政策环境，吸引了来自中国的制造业企业。一方面，从中国迁入的国际制造业企业能够较快适应当地的政治体制和政策环境，避免"水土不服"；另一方面，稳定的政策环境为国际制造业迁移和产业链不断完善提供有利的商业环境和良好的政务环境。

三　趋势研判

（一）短期内，越南制造业仍以低端制造为主

越南当前仍以传统制造业为主，制造业综合实力不强，后发动力不足。2023年，越南GDP约为4300亿美元，同比增长5.05%，较2022年8.02%的增速有所放缓。在世界政治经济形势动荡和总需求下行的背景下，越南制造业发展面临严峻挑战。2023年，越南工业和建筑领域全行业增加值同比增长3.02%，增幅降到了近10年的低点。加工制造业、供水废物和废水管理与处理、发电配电业、矿业、建筑业是制造业中的主要产业。由此可见，越南以低端制造业为主，工业化进程较为滞后。

越南产业基础设施薄弱，供应链体系尚不完善。2023年上半年，越南遭遇用电危机，制造业企业生产受到严重影响。由于受到天气影响，越南2023年上半年用电量激增，1万多家外资企业受到波及，约1亿越南居民受到全国停电的影响。例如，三星电子、富士康、立讯精密等苹果供应商收到越南电力公司的通知，要求各企业考虑轮流停电或者减少高峰时期用电量。2023年5月，中国广西与越南签署了为期7年的110千伏深沟至芒街联网工程购售电协议，预计月供电量3000万千瓦时，用以缓解越南北部制造业生产和居民生活用电紧张的问题。当前，在国际产业链供应链分工重组的大背景下，以电子信息和光伏为主的制造业企业加速向越南迁移，但越南产业基础设施仍不完善，上游原材料供应企业缺乏，制约越南制造业发展进程。

（二）长期来看，中越国际经贸合作多于竞争

长期来看，越南不会撼动中国"全球制造业中心"地位。从城

镇化发展阶段看，越南建设部数据显示，截至 2023 年末，越南的城镇化率约为 42.6%（2005 年，中国的城镇化率为 42.99%），越南城镇化水平较低。从经济发展水平看，2023 年越南人均 GDP 为 4284 美元，约为中国的 1/3（12700 美元），大致相当于中国 2010 年的水平（4550 美元）。人口是经济社会发展的重要基础，可从一定程度上反映国家的发展潜力。从人口总量来看，越南国家统计局数据显示，截至 2023 年，越南人口达到 1.003 亿，约为中国的 1/14，是东南亚第三个人口规模达到 1 亿的国家，仅次于印尼和菲律宾。

中越贸易关系密切，未来合作多于竞争。越南与中国云南省和广西壮族自治区接壤，与海南省隔海相望，中越两国互为紧密的经贸合作伙伴。从产品进口来看，中国是越南第一大商品进口市场，2023 年，越南从中国的进口额为 168.7 亿美元，同比增长 3.7%。越南从中国进口的商品主要包括机械、设备、工具和备件等。从投资角度来看，越南计划与投资部数据显示，2023 年，中国企业在越南注册资本总额达到 44.7 亿美元，在越南外商投资总额中排名第四。近年来，除了在餐饮、酒店、消费品等领域投资外，中国投资者还在其他加工制造业领域进行投资，如电子、轮胎制造、纺织、鞋类皮革、电力等。

四 应对策略

一是推动中越贸易合作，加强与越南及周边东南亚国家的产业链和供应链合作。建立中越制造业产业链供应链竞合清单，明确需要合作、对话和管控的事项，做优做精一批国际产能和装备制造合作项目，合理布局国内和国际生产基地。利用《区域全面经济伙伴关系协定》等国际多边合作机制，充分发挥中国（广西）自由贸易试验区和中国（云南）自由贸易试验区等自贸试验区的政策优势，不断深化中越制造业产业链供应链合作。

二是加强对国际制造业企业迁移的追踪，做好我国制造业产业链供应链关键环节的强链、补链工作。紧跟国际制造业企业迁移动向，建立包括涉越企业在内的内外资企业数据库和产业链供应链管理系统，持续追踪涉越产业链关键节点企业动向及政府相关举措。推动产业链供应链数字化、智能化转型，畅通制造业生产、分配、流通、销售各环节，提升制造业产业链供应链韧性。

三是加强国际对话，增强我国高端制造国际话语权。通过加强国际对话交流，推动建立制造业合作伙伴关系，以庞大的国内市场换合作，以优越的营商条件谋共赢，抵御制造业外迁风险。一方面，加强与行业协会、重要企业沟通，积极引导各国国家代表团参访我国企业，借外力宣传我国制造业营商环境与优惠政策。另一方面，完善与相关国家和地区的制造业产业链发展主管部门对话机制，推进战略、规划对接，加强规则、标准联通，促进制造业产业链国际合作，为制造业开放合作搭建更多交流平台。

参考文献

刘娅、梁明、徐斯等：《中国制造业外迁现状与应对策略——基于产业链供应链关联性的分析》，《国际贸易》2023年第5期。

黄郑亮：《越南制造业在全球价值链的位置研究》，《东南亚研究》2019年第5期。

陈建男、李冬青：《越南签署自由贸易协定的发展进程、成效及问题》，《亚太经济》2021年第6期。

屠年松、朱光亚：《"印度、越南制造"会取代"中国制造"吗？——GVC视角下中印越制造业国际竞争力的对比》，《未来与发展》2020年第5期。

B.6 墨西哥吸引国际制造业迁移的现状和趋势研判

顾 爽[*]

摘　要： 墨西哥自2023年起已成为美国第一制造业贸易伙伴。全球产业链供应链正在发生重大调整，美国作为全球供应链调整的主要推手，正在布局东西并行的供应链体系。在东半球，美国加速构建以东南亚为核心的供应链；在西半球，美国以"美洲经济繁荣伙伴关系"为抓手，大力发展"近岸外包""友岸外包"，联合墨西哥等国家构建北美地区的制造中心。美国扶持墨西哥发展友岸外包，已经对我国的"贸易出口、国际竞争、企业外迁"造成了较大冲击。我国应把握中墨贸易动向，深耕亚欧市场，聚焦重点领域优化国内外产业布局。

关键词： 制造业迁移　北美制造　中墨贸易

一　墨西哥吸引国际制造业迁移的主要优势

（一）美国助推墨西哥成为北美地区的制造中心

美国通过补贴、关税等手段大力推动本国以及国际企业投资墨西

---

[*] 顾爽，国家工业信息安全发展研究中心工业经济所助理工程师，研究方向为产业链安全、产业外迁。

哥制造业，助推墨西哥成为北美地区的制造中心。一是通过《美国-墨西哥-加拿大协定》（USMCA，以下简称"美墨加协定"），对墨西哥出口美国的商品给予免税或最优关税待遇，墨西哥对美国综合关税率远低于其他国家。二是鼓励企业将工厂从亚洲迁往墨西哥。2020年7月，美国提出"重返美洲"倡议，并制定了"3ls战略"（投资、基础设施和一体化战略），承诺对在墨西哥投资的企业提供短期以及长期的融资支持。2022年拜登政府通过的《2022年芯片和科学法案》明确了要在墨西哥布局半导体下游的原材料加工产业。三是引导企业加大对墨西哥投资。① 2023年1~6月，美国成为对墨西哥投资最多的国家，投资额达到123.7亿美元。在"美助墨发展"政策推动下，墨西哥也抓住机遇吸引外资。一是出台了《促进制造、加工和出口服务业法令》（IMMEX计划），优化外资营商环境，制定税收优惠和行政手续减免等多项惠利计划，这项法令为墨西哥吸引了大量来自欧洲、亚洲、北美的企业，几乎覆盖了全墨西哥85%的制造出口企业。二是墨西哥已与50多个国家建立了贸易伙伴关系，与多个国家签署了贸易协定减免关税，关税处于全球较低水平。② 2023年，墨西哥共吸引外资360.58亿美元，同比增长27%，其中50%的投资都集中在制造业。

（二）墨西哥承接制造业转移具有多方面优势

墨西哥具有雄厚的制造业基础，具有承接中美制造业迁移企业的能力。一是产业基础方面。墨西哥加入世界贸易组织较早，相比越南、印度等东南亚和南亚国家，具有雄厚的制造业基础。2022年墨西哥制造业增加值在全球排名第九，制造业增加值为2658亿美元。

---

① http：//mx.mofcom.gov.cn/article/jmxw/202308/20230803426666.shtml。
② http：//mx.mofcom.gov.cn/article/jmxw/202402/20240203473069.shtml。

二是劳动力方面。墨西哥有1.27亿人口，平均年龄仅为28岁；墨西哥的最低工资标准与越南差不多。三是贸易方面。墨西哥具有区位优势，对美国贸易运输快捷方便，运输成本较低；墨西哥是世界上签订自由贸易协定最多的国家之一，在关税方面具有绝对优势。

二 墨西哥吸引国际制造业迁移对我国的影响

（一）直接冲击我国制造业对外贸易

中美墨三方贸易关系发生重大改变。第一，我国对美国贸易额大幅下降，墨西哥取代我国成为美国第一大进口国。墨西哥对美国的出口结构与我国高度相似，对美国出口商品都集中在机电产品、汽车及其零部件、轻工纺织、陶瓷玻璃等中低端产品。2023年上半年，墨西哥对美国出口额达到2360亿美元，同比增长5%，占总出口额的80.8%。这是墨西哥自2001年以来首次跃居美国第一大进口国。而我国对美国出口额减少了约20%，是我国15年来首次跌落美国进口国榜首，现位居第三。第二，在美墨合作的背景下，中墨贸易大幅降低。我国本是墨西哥的最大进口来源国，2022年墨西哥从我国进口额达到775.35亿美元，同比增长15.1%。但是2023年，墨西哥却上调了主要自华进口商品的关税，如钢铁以及钢制品、塑料和橡胶、运输设备及其零件、纺织和家具类，所涉及产品对墨西哥出口额占2023年我国对墨西哥总出口额比重约为37%，严重冲击了我国对墨西哥出口贸易。

（二）新兴行业的国际市场竞争压力剧增

墨西哥制造业的发展将挤压我国新兴产业的国际市场。以汽车产业为例，墨西哥汽车产业链完整、制造基础良好、职业技术教育体系完善，是世界第七大汽车生产国和第五大汽车零部件生产国。2023

年上半年，墨西哥汽车出口量占全球出口总量的 8.79%，与中国（9.8%）相差无几。墨西哥汽车工业协会的数据显示，预计到 2025年，墨西哥将成为全球第五大汽车生产国。美墨加协定的生效，进一步推动了墨西哥汽车产业的发展。基于对公开数据的整理，仅 2023年前三季度，就有 77 个汽车项目落地墨西哥，我国比亚迪、长安、奇瑞、江铃等品牌也都在墨西哥布局。除汽车产业外，墨西哥发展较好的产业还包括医疗器械、电子产品制造和消费品行业，与我国优势产业相似度极高，均具有劳动力资源成本优势。

（三）企业加速外迁

越来越多的中资企业选择在墨西哥投资建厂。第一，大量中国企业因低物流成本、低人力成本以及规避关税等因素选择迁往墨西哥。例如，中国最大的家居企业之一敏华家具自 2022 年开始逐渐将工厂迁出中国。中国家电企业海信于 2015 年在墨西哥成立工厂，并在 2016~2023 年逐年持续新设工厂，扩大产能。第二，国际知名品牌生产布局的调整，带动了相应的产业链迁移。例如，2023 年 3 月特斯拉宣布将在墨西哥建立最大的新一代电动车生产基地后，中国拓普集团、旭升集团、双环传动、爱柯迪等数十家汽车配套企业也在墨西哥进行生产布局。

三 应对策略

第一，把握中墨贸易动向，及时应对美墨政策。深化中墨贸易关系，鼓励企业开展多元化合作，为出口企业提供法律援助，帮助企业及时了解美国、墨西哥等国的对华政策，为企业在规避贸易风险、降低贸易成本等方面提供专业指导。

第二，加快建立高标准自由贸易区网络，深耕亚欧市场。推动优势产业出海，继续拓展全球市场，保持我国出口结构多元化、出口规模大的优势。提高进出口产品质量，加快培育国内市场新优势，鼓励企业向价值链顶端攀升，转向"优进优出"模式。创新服务贸易发展机制，加快建立服务贸易公开透明的市场规则，推进实施跨境服务贸易负面清单，打造良好的营商环境。高质量共建"一带一路"，畅通物流通道，加快建设中欧班列跨境运输通道，激发亚欧市场活力。

第三，关注重点行业动态，协同优化国内外产业布局。对服装纺织、汽车零部件加工、电子组装等劳动、资本密集型产业，要密切跟踪产业链及重点企业外迁动态。充分发挥外资的资本和技术优势，积极引导外资投向新兴产业。

参考文献

章婕妤：《美拉供应链"近岸外包"合作：现状、动因和前景》，《太平洋学报》2023年第2期。

商务部国际贸易经济合作研究院课题组：《跨国公司在中国：全球供应链重塑中的再选择》，《国际经济合作》2022年第4期。

政策篇

B.7 全球主要经济体新兴产业发展政策动向

李阳 顾爽 蒋宏亮[*]

摘　要： 2023年美国、欧盟、日本、韩国、印度、墨西哥等全球主要经济体新兴产业发展政策动向呈现四大特点：一是美西方协同，加强对我国半导体、人工智能等高科技产业的限制；二是进一步提升产业链、供应链韧性和安全水平，加速去风险化和自主化进程；三是加强关键技术和前沿科技的创新，保持技术领先优势，抢占竞争制高点；四是越南、印度等发展中国家加强与美西方发达国家合作，谋求提升自身在全球供应链中的地位。我国应从加快科技创新和成果转化、加强多边国际合作和交流、加大对外向型企业的服务保障力度三方面协同发力。

---

[*] 李阳，国家工业信息安全发展研究中心工业经济所助理工程师，研究方向为产业政策、产业链安全、能源与低碳发展；顾爽，国家工业信息安全发展研究中心工业经济所助理工程师，研究方向为产业链安全、产业外迁；蒋宏亮，国家工业信息安全发展研究中心工业经济所助理工程师，研究方向为产业数字化、产业链安全。

关键词： 新兴产业　半导体　人工智能

一　政策动向

（一）美西方协同，加强对我国半导体、人工智能等高科技产业的限制

美国正着力提升半导体芯片、人工智能等领域的科技竞争力。一是大力推行差异化产业扶持政策。《2022年芯片和科学法案》提出对美国本土芯片产业提供巨额补贴，同时包含限制有关企业在中国的正常投资与经贸活动、限制中美正常科技合作等条款，极具地缘政治色彩。这对美国和其他国家的跨国公司在中国投资半导体行业的长期计划造成负面影响。二是通过提高市场准入条件和限制金融投资加大出口管制力度。2023年10月，美国商务部发布"1017规则"，延续、强化和升级了2022年"1007规则"，进一步限制先进芯片相关物项流向中国等特定国家和地区的主体，并限制相关主体获取芯片制造相关设备类物项；通过管控美国主体开展的活动，限制其为中国主体自主开展的先进半导体生产制造活动提供支持。

日本、荷兰、德国等国家为美国在高科技领域"去风险化"打助攻。2023年1月，美国、荷兰、日本三国政府达成协议，扩大对华芯片出口管制。2023年5月，日本公布《外汇法令修正案》，将先进芯片制造所需的23个品类的半导体设备列入出口管制对象。2023年6月，荷兰宣布将部分光刻机等半导体相关产品纳入出口管制范围。2023年7月，德国政府公布"中国战略"，将中国视为"竞争者和制度性对手"。

（二）加速去风险化和自主化进程

美国以增强产业链供应链韧性和安全为由，积极推动亚太地区产业链供应链重组。美国提出的"印太经济框架"，通过设立供应链委员会和供应链危机响应网络两大机制加强亚太供应链管理，以此塑造亚太地区供应链生态系统，帮助企业获得竞争优势。美国采取"成本竞争弹性"范式，通过建立信息共享机制，减少亚太地区供应链产能和库存冗余；通过构建政府间应急机制，快速识别供应链变化，避免由于生产资料缺乏而造成的生产中断风险，进而激励越来越多的供应链相关者参与，推动亚太供应链向美国设计的方向发展。

欧盟把产业链的安全和韧性在优先位置，强推进口替代。2023年上半年，欧盟发布多项针对绿色产业的政策，引导重点环节产业回流。《净零工业法案》明确了光伏、风电、热泵、电池、氢能电解槽以及二氧化碳封存的产能目标。《关键原材料法案》提出，欧盟应在2030年前实现战略性原材料年消费量的10%以上本土采掘、40%以上本土加工、15%以上本土回收，对单一来源进口比例高的产品采取歧视政策。《净零工业法案》提出，如果购买单一来源产品在欧盟市场份额超过65%，将面临公共招标、可再生能源拍卖、私人消费等方面的歧视性待遇。

日本采取一系列经济发展措施提高日本经济发展的自主性。日本强调从算力、清洁技术、生物技术、国防与航天等领域强化供应链产业链韧性，保持日本的技术优势。日本格外关注当前清洁技术领域的供应链风险，关注支持下一代技术的供应链，如全固态电池、化合物功率半导体以及钙钛矿型太阳能电池。

（三）加强关键技术和前沿科技创新，确保技术领先优势，抢占竞争制高点

美国强化对科技领域发展规划的战略引领。一是加强对新兴技术

战略指引。《关键和新兴技术的国家标准战略》强调了关键技术和新兴技术国际标准的重要性，明确将制定通信和网络技术、半导体和微电子、人工智能和机器学习等领域的标准作为优先发展方向。二是注重专业化和精细化的技术规划。例如，在人工智能领域，美国出台了《国家人工智能研发战略计划》《数据、分析和人工智能采用战略》，签署了《关于安全、可靠和值得信赖地开发和使用人工智能的行政命令》，聚焦人工智能技术的前沿研发，确保美国的国际领先地位；在清洁能源领域，发布《美国国家清洁氢能战略和路线图》，加强清洁能源经济建设。

欧盟加强清洁能源技术创新，在维护自身能源供应稳定的同时，谋求全球产业领导力。一是欧盟更加重视强化供应链韧性。在关键领域，欧盟主张建立关键原材料俱乐部、净零工业伙伴关系，拓展与伙伴国家的合作，保障关键原材料供应链安全，实现净零技术贸易和投资多样化。二是更加重视制定规则和标准，主导全球绿色低碳转型进程。欧盟有意将贸易防御工具、"外国补贴条例"、国际采购工具等具有经济保护主义性质的政策工具覆盖到绿色产业领域。碳足迹认证、碳关税等绿色门槛正在形成新形式的贸易壁垒，对企业在产能布局、合规经营、可持续发展等方面提出更高要求。

韩国不断完善国家层面新兴产业发展战略，以确保在技术霸权竞争中的优势。2022年10月，韩国发布《国家战略技术培育方案》，提出创新引领型（半导体和显示器、二次电池、下一代移动出行、新一代核能）、未来挑战型（先进生物技术、宇宙太空及海洋、氢能、网络安全）和必需基础型（人工智能、下一代通信技术、先进机器人制造、量子技术）十二大产业和50项具体项目，以实现"成为引领未来经济安全、新产业、外交安全的'技术主权国家'"的愿景。2023年韩国加强重点产业的战略规划以及配套的政策扶持。《国家战略技术相关新材料发展战略》提出，将大力支持重要新材料相关领域的研发;《半导体、显示器、新一代电池研发战略》提出,加大半导体、显示器和新一代电池三大关键技术领域的投入;《国家量子科技战略》提出,推动量子技术研究和应用,追赶技术领先国家的脚步;《税收特例限制法》为半导体等国家战略性产业提供更优惠的税收扶持政策。

(四)发展中国家加强与美西方发达国家合作,谋求提升自身在全球供应链中的地位

随着美越关系提升为最高级别的全面战略伙伴关系,美国加强了与越南的进一步合作。两国关系的提升可以让越南企业更深入地参与美国企业的全球价值链、供应链,尤其在半导体产业方面。

印度与美国、欧盟进一步加强合作,经济产业合作进一步深化。美国、印度、沙特阿拉伯、欧盟宣布将建设"印度-中东-欧洲经济走廊",旨在促进各国网络、环保和能源的贸易与流通,遏制竞争对手在相关地区的活动。美、印两国在先进技术、供应链和防务工业等领域的合作越来越密切。

墨西哥积极发展汽车制造业,制定一系列发展目标,确定电动汽车产业在国家层面的定位,以便大规模生产电动和混合动力汽车以及为其运营建设基础设施。此外,墨西哥还发布了《修改一般进出口关税的法令》,通过提高汽车制造相关配件产品的进口关税与中国竞争。

二 发展趋势

(一)技术领域的竞争将进一步升级

世界主要国家将继续争夺半导体、人工智能、量子计算等高科技产业的主导地位。例如,2023年8月,美国总统拜登签发新行政命

令，在半导体和微电子、量子信息技术和人工智能系统领域限制对华投资。结合目前美国发布的《基础设施投资和就业法案》《2022年芯片和科学法案》《通胀削减法案》《2022年美国国家安全战略》，美国针对其他重点技术领域的控制措施很可能在2024年进一步落实。

（二）全球投资回流和供应链重构

作为影响全球供应链发展的重要因素之一，出口管制政策的缩紧将引发投资回流和供应链重构。据美国市场咨询公司荣鼎集团（Rhodium Group）统计，2022年美国对华风险投资额仅为13亿美元。在半导体领域，2019年后，全球半导体投资明显向美国、韩国回流，投资本地化趋势明显，半导体产业的投资政策性驱动效果明显。美国在2023年8月份发布的对外投资安全审查制度，将影响美国在我国新建项目的后续投资。与此同时，出口管制和经济制裁的加强将促使企业采取更多的区域化战略，更加关注地区内的供应链，以降低跨国风险。

（三）地缘政治危机导致的贸易风险持续增加

俄乌冲突、巴以冲突等地缘政治事件可能导致一些国家采取保护主义的贸易政策，包括采取更多的经济制裁措施。这些制裁可能包括贸易限制、金融制裁和资源出口限制，企业将面临更大的合规风险。同时，在地缘政治紧张局势升级时，全球供应链的复杂性增加，供应链面临更大的合规风险，供应链中断的风险也随之增加，企业需要应对不断变化的贸易政策和法规。

三 我国的应对建议

（一）加快科技创新和成果转化

一是以科技创新引领现代化产业体系建设，多措并举推进新型工业化，加快发展新质生产力。二是以重大科技项目为抓手，鼓励企业、高校、科研院所等创新主体在类脑智能、量子信息、基因技术、未来网络、深海空天开发等未来产业领域进行联合研发，加快科技创新和成果转化，形成竞争新优势。

（二）加强多边国际合作和交流

一是加强与东盟、金砖国家、"一带一路"共建国家在经济贸易、技术创新、高端人才等方面的务实合作，进一步提升我国在全球供应链中的参与度。二是贯彻落实《新产业标准化领航工程实施方案（2023—2035年）》，建立和完善与国际接轨的高标准新产业体系，引领新兴产业向国际化发展。三是鼓励高校、科研院所瞄准重点领域和关键核心技术，开展国际科研合作交流活动，探索国际化人才培养新模式。

（三）提升对外向型企业的服务保障能力

一是创新海外原区域运作模式，在新一代信息技术、新能源汽车等新兴产业领域开展联合试点示范工作。二是完善公共服务平台功能，为外向型企业提供常态化、全球化的服务支撑，进一步降低企业对外贸易成本。三是组织行业专家、专业律师等专业力量，对企业相关人员进行培训，帮助企业妥善应对贸易风险，维护合法权益，助力企业在国际交往中实现互利共赢。

参考文献

魏雪巍：《拜登政府对华半导体技术出口管制又有新举措》，《世界知识》2022年第22期。

鲁欣：《国际大变局背景下美国贸易政策转向及影响研究》，《对外经贸实务》2024年第2期。

刘建丽、黄骏玮、金亮：《美国先进制造产业政策：演化特征与内在逻辑——兼论美国"新产业政策"的形成》，《国际经济合作》2024年第1期。

宫小飞：《拜登政府半导体产业政策：路径、影响与制约》，《美国研究》2023年第5期。

附录一
2023年新兴产业指数

战略性新兴产业采购经理指数

2015年3月1日,中国科学技术发展战略研究院和中采咨询联合发布中国战略性新兴产业采购经理指数(以下简称"EPMI"),EPMI关键数据涉及节能环保、新一代信息技术、生物产业、高端装备制造、新能源、新材料、新能源汽车产业七大产业近300家企业的经营动态,分项指标能够较为确切地呈现新兴生产力的发展状况,反映我国经济结构调整的发展进程。2024年1月,中国科学技术发展战略研究院和中采咨询联合发布的EPMI为50.8%。

从13个分项指标来看,与2023年12月相比,正向指标中,小幅回升的有生产量、产品订货、现有订货、采购量、自有库存、研发活动、新产品投产,小幅回落的有出口订货、就业、经营预期,大幅回落的有进口。反向指标供应商配送较上月回升。

2024年1月新兴产业EPMI回升1个百分点至50.8%,回升主因是春节前产需前置以及低位后修复。因为往年有春节落在1月的情况,2024年1月正向指标高于近年当月均值不代表景气趋高。受春节前备产带动,正向指标多数回升,但少数正向指标仍然回落。就业回落与春节有关,但员工薪酬反向回落至54.9%,与备产季赶工状态不符,员工收入受限。生产量、产品订货分别回升至54.9%和

50.5%，采购量与自有库存也等比例回升。出口在圣诞节需求结束后继续回落0.1个百分点至47.4%；进口与采购量方向不符，回落5.9个百分点至43.2%；进出口差异4.2个百分点走至高位区间，似乎提示了内外贸易的不平衡。现有订货49.9%的环比回升0.8个百分点，这是5年来1月份唯一一次回升——低位运行已久，企业正在谨慎扩产、加大采购。用户库存小幅回落，仍是四年来春节前月份最高值，仅略低于2019年1月，前期库存积压问题修复缓慢。购进价格低位回升0.7个百分点至53.1%，销售价格回落0.4个百分点至44.5%，连续11个月处于50以下，两价都低于近年当月均值约10个百分点，企业利润承压。应收账款连续微降3个月至56.2%中位，年底资金回笼改善。贷款难度微落至48.7%，融资环境宽松。配送指标回升至52.4%，反向压低综合EPMI读数。研发活动和新品投产低位回升至54.5%和51%，分别低于近年当月均值0.3个百分点和8.7个百分点，企业信心亟须激发。就业、薪酬、销售价格回落，与产量环比方向相反，体现企业巨大的经营压力；研发与新品弱势回升，前期不良的分项逐步优化，凸显企业仍在努力自救。2024年2月，预计EPMI数值大概率回落。

经济正在温和修复，2024年1月EPMI也上升到50%以上。考虑到春节即将到来，各产业经营预期普遍下调。2024年1月新一代信息技术、生物、新能源汽车三个产业的生产量指数表现良好，同时生物、新能源汽车的产品订货都在70%左右，出口订货分别为64.5%和55.3%，显示强大的后劲和对整体指数的有力支撑。除了这两个产业，其他产业的出口持续低迷，高端装备、节能环保、新材料、新能源、新一代信息技术等5个产业自2023年第二季度开始，出口订货均下滑到50%临界点之下，而且明显还处于下行通道。近期多个部门围绕新领域、新赛道、新动能出台了多项政策文件。国家发展改革委修订发布的《产业结构调整指导目录（2024年本）》指出，加快构建具有智能化、绿色化、融合化特征和符合完整性、先进性、安全性要求的现代化产业体系，在鼓励类中新增了"智能制造""数控机床""网络安全"等战略性新兴产业行业大类。工业和信息化部则在战略性新兴产业中，进一步提出要打造生物制造、商业航天、低空经济等新的增长点，同时出台未来产业发展行动计划，瞄准人形机器人、量子信息等产业，着力突破关键技术、培育重点产品、拓展场景应用。可以看出，多个部门所提出的发展方向基本一致，但更加侧重具有潜在颠覆性的细分领域，如生物制造、量子信息；更加关注产业安全，如数控机床与网络安全。

具体观察各项指标，PMI 指标为 50.8%，比 2023 年 12 月回升 1 个百分点。生产量指标为 54.9%，产品订货指标为 50.5%，进口指标为 43.2%，比 2023 年 2 月回落 5.9 个百分点。自有库存指标为 53.6%，比 2023 年 2 月回升 2.2 个百分点。就业指标为 47.3%，比 2023 年 2 月回落 2 个百分点。

从分行业指标看，七大新兴产业中有 3 个产业 PMI 指标高于 50，有 4 个产业指标低于 50。PMI 绝对值最高的是生物产业，2024 年 1 月为 61.9%。

中证人工智能产业指数

2018 年 11 月 21 日，中证指数有限公司首次发布中证人工智能产业指数。中证人工智能产业指数从沪深市场为人工智能提供基础资源、技术以及应用支持的公司中，根据人工智能业务占比、成长水平和市值规模构建指标体系，选取 50 家最具代表性上市公司证券作为指数样本，反映沪深市场人工智能产业上市公司证券的整体表现。该指数以 2014 年 12 月 31 日为基日，以 1000 点为基点。2023 年 1 月，样本股平均总市值为 452 亿元。截至 2024 年 6 月 14 日，中证人工智能产业指数前十大权重股分别为中际旭创、科大讯飞、金山办公、新易盛、中科曙光、海康威视、韦尔股份、德赛西威、紫光股份、石头科技，权重合计占比超50%。指标权重股涵盖通信服务、信息技术等领域龙头个股，如附表1所示。

附表1　中证人工智能产业指数前十大权重股（2024年6月14日）

单位：%

代码	简称	行业	权重
300308	中际旭创	通信服务	11.51
002230	科大讯飞	信息技术	6.78
688111	金山办公	信息技术	6.35
300502	新易盛	通信服务	6.09
603019	中科曙光	信息技术	4.63
002415	海康威视	信息技术	4.04
603501	韦尔股份	信息技术	3.34
002920	德赛西威	可选消费	3.19
000938	紫光股份	通信服务	3.12
688169	石头科技	可选消费	2.97

资料来源：中证指数有限公司。

中证新能源产业指数

中证指数有限公司于2015年12月16日正式发布中证新能源产业指数。该指数以2011年12月31日为基日，以1000点为基点，以沪深交易所上市的新能源产业上游原材料，新能源中游生产及设备制造，新能源下游应用、存储及交互设备、新能源汽车等代表性公司为成分股，采用等权重加权计算而来。2022年中证新能源指数收益率为-28.10%，跑输沪深300指数6.47%。走势方面，中证新能源指数在2019年至2021年9月都处于上行趋势，随后进入长达半年的回调，并在2022年4月回踩至相对低点，但随后快速反弹，反弹至

2022年7月的高点后开始持续回落。拉长时间看，新能源行业在过去三年里相比沪深300指数创造了高达125.93%的超额收益。中证新能源指数近三年收益率达120.44%，大幅跑赢沪深300指数（同期收益率为-5.49%）。

中证新能源指数呈现"跑赢时大幅跑赢，跑输时小幅跑输"的特点。2013~2022年，中证新能源指数跑赢沪深300指数4次，平均超额收益达到52.11%，跑输沪深300指数6次，平均跑输幅度为11.26%，收益回撤比具备较强吸引力。

以过去20个季度为分析周期并对比31个申万一级行业，我们发现中证新能源指数的表现主要集中在0~25%、50%~75%这两个档位，表现落后的情况并不多。2022年下半年新能源行业出现了罕见的连续两个季度的逆风。

截至2024年2月20日13：59，中证能源指数（000928）下跌0.03%。山煤国际涨超5%，能源ETF（159930）盘中大涨5%，现下跌0.82%，最新报价1.45元，盘中成交额已达2134.65万元，换手率8.78%。

附表2　中证新能源产业指数前十大权重股（2024年6月14日）

单位：%

样本	代码	行业	权重
003816	中国广核	公用事业	2.07
601985	中国核电	公用事业	2.03
300751	迈为股份	工业	1.87
301358	湖南裕能	工业	1.82
000537	中绿电	公用事业	1.80
002340	格林美	工业	1.68
300750	宁德时代	工业	1.65
300274	阳光电源	工业	1.63
000155	川能动力	工业	1.60
002850	科达利	工业	1.60

资料来源：中证指数有限公司。

深证节能环保指数

深圳证券交易所和深圳证券信息有限公司于2017年4月28日发布了深证节能环保指数（代码"399695"），以2010年6月30日为基日，基点1000点，选取的标的企业业务领域属于中国节能环保集团公司编制的节能环保产业分类（一级产业包括节能产业、环保产业、清洁能源产业、新材料和节能环保综合服务）及细分领域。截至2024年2月28日，该指数收盘于1945.34点，上涨1.94%，成交金额255.22亿元。

附录二
2023年新兴产业TOP企业

（以下均为公开资料，系不完全统计）

2023年软件创新企业100强

附表1　2023年软件创新企业100强

排名	企业名称
1	华为技术有限公司
2	北京抖音信息服务有限公司
3	腾讯科技（深圳）有限公司
4	国网信息通信产业集团有限公司
5	阿里巴巴（中国）有限公司
6	金山软件有限公司
7	北京百度网讯科技有限公司
8	杭州海康威视数字技术股份有限公司
9	国电南瑞科技股份有限公司
10	科大讯飞股份有限公司
11	上海宝信软件股份有限公司
12	中国软件与技术服务股份有限公司
13	用友网络科技股份有限公司
14	上海寻梦信息技术有限公司
15	浙江核新同花顺网络信息股份有限公司
16	三六零安全科技股份有限公司
17	恒生电子股份有限公司
18	北京华大九天科技股份有限公司

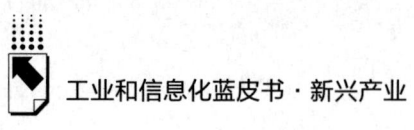

续表

排名	企业名称
19	广联达科技股份有限公司
20	惠州市德赛西威汽车电子股份有限公司
21	软通动力信息技术(集团)股份有限公司
22	浙江大华技术股份有限公司
23	深信服科技股份有限公司
24	亚信科技(中国)有限公司
25	网易(杭州)网络有限公司
26	奇安信科技集团股份有限公司
27	中软国际科技服务有限公司
28	太极计算机股份有限公司
29	北京中长石基信息技术股份有限公司
30	广州中望龙腾软件股份有限公司
31	北京致远互联软件股份有限公司
32	同方股份有限公司
33	北京四维图新科技股份有限公司
34	江苏润和软件股份有限公司
35	东华软件股份公司
36	神州数码信息服务集团股份有限公司
37	北京京东世纪贸易有限公司
38	航天信息股份有限公司
39	中科软科技股份有限公司
40	浪潮通用软件有限公司
41	云赛智联股份有限公司
42	杭州广立微电子股份有限公司
43	拓尔思信息技术股份有限公司
44	泛微网络科技股份有限公司
45	北京华胜天成科技股份有限公司
46	启明星辰信息技术集团股份有限公司
47	金蝶软件(中国)有限公司
48	卫宁健康科技集团股份有限公司
49	北京科蓝软件系统股份有限公司
50	朗新科技集团股份有限公司
51	北京中科江南信息技术股份有限公司
52	深圳市蓝凌软件股份有限公司

续表

排名	企业名称
53	国泰新点软件股份有限公司
54	和利时科技集团有限公司
55	北京数字政通科技股份有限公司
56	万兴科技集团股份有限公司
57	东软集团股份有限公司
58	昆仑万维科技股份有限公司
59	厦门市美亚柏科信息股份有限公司
60	天融信科技集团股份有限公司
61	北京宝兰德软件股份有限公司
62	远光软件股份有限公司
63	福建博思软件股份有限公司
64	杭州安恒信息技术股份有限公司
65	上海概伦电子股份有限公司
66	广州赛意信息科技股份有限公司
67	北京超图软件股份有限公司
68	深圳市银之杰科技股份有限公司
69	福建顶点软件股份有限公司
70	杭州迪普科技股份有限公司
71	南京维拓科技股份有限公司
72	星环信息科技(上海)股份有限公司
73	北京东方通科技股份有限公司
74	京北方信息技术股份有限公司
75	南威软件股份有限公司
76	诚迈科技(南京)股份有限公司
77	绿盟科技集团股份有限公司
78	帆软软件有限公司
79	北京宇信科技集团股份有限公司
80	金航数码科技有限责任公司
81	珍岛信息技术(上海)股份有限公司
82	深圳市长亮科技股份有限公司
83	北京北信源软件股份有限公司
84	高新兴科技集团股份有限公司
85	福建福昕软件开发股份有限公司
86	上海汉得信息技术股份有限公司

续表

排名	企业名称
87	亚信安全科技股份有限公司
88	深圳市金证科技股份有限公司
89	安世亚太科技股份有限公司
90	北京旋极信息技术股份有限公司
91	鼎捷软件股份有限公司
92	北京久其软件股份有限公司
93	上海索辰信息科技股份有限公司
94	北明软件有限公司
95	创意信息技术股份有限公司
96	北京华宇软件股份有限公司
97	北京思特奇信息技术股份有限公司
98	汉王科技股份有限公司
99	科大国创软件股份有限公司
100	山大地纬软件股份有限公司

资料来源：2024年1月中国科学院《互联网周刊》、中国社会科学信息化研究中心、eNet研究院、德本咨询联合发布《2023年度软件创新企业100强》。

2023年电子信息竞争力百强企业名单

附表2　2023年电子信息竞争力百强企业名单

排名	企业名称
1	华为技术有限公司
2	联想集团
3	海尔集团公司
4	小米集团
5	TCL科技集团股份有限公司
6	京东方科技集团股份有限公司
7	海信集团控股股份有限公司
8	天能控股集团有限公司
9	中兴通讯股份有限公司
10	四川长虹电子控股集团有限公司

续表

排名	企业名称
11	亨通集团有限公司
12	TCL实业控股股份有限公司
13	超威电源集团有限公司
14	浪潮集团有限公司
15	歌尔股份有限公司
16	华勤技术股份有限公司
17	中天科技集团有限公司
18	杭州海康威视数字技术股份有限公司
19	福建省电子信息(集团)有限责任公司
20	立臻科技(昆山)有限公司
21	品澳太阳能科技股份有限公司
22	闻泰科技股份有限公司
23	富通集团有限公司
24	立铠精密科技(盐城)有限公司
25	南通华达微电子集团股份有限公司
26	中国信息通信科技集团有限公司
27	创维集团有限公司
28	中芯国际集成电路制造有限公司
29	四川九洲投资控股集团有限公司
30	通鼎集团有限公司
31	宁波均胜电子股份有限公司
32	南瑞集团有限公司
33	新华三信息技术有限公司
34	湖南裕能新能源电池材料股份有限公司
35	阳光电源股份有限公司
36	广东德赛集团有限公司
37	永鼎集团有限公司
38	江苏长电科技股份有限公司
39	舜宇集团有限公司
40	上海仪电(集团)有限公司
41	浙江富春江通信集团有限公司
42	深圳华强集团有限公司
43	上海华虹(集团)有限公司
44	苏州东山精密制造股份有限公司

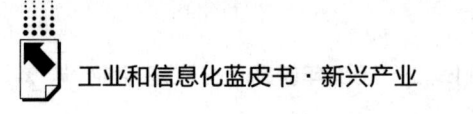

续表

排名	企业名称
45	浙江大华技术股份有限公司
46	联合汽车电子有限公司
47	立讯智造（浙江）有限公司
48	上海龙旗科技股份有限公司
49	东方日升新能源股份有限公司
50	康佳集团股份有限公司
51	宁波容白新能源科技股份有限公司
52	同方股份有限公司
53	天津巴莫科技有限责任公司
54	国轩高科股份有限公司
55	航天信息股份有限公司
56	江苏润阳新能源科技股份有限公司
57	环旭电子股份有限公司
58	陕西电子信息集团有限公司
59	广州无线电集团有限公司
60	昆山联滔电子有限公司
61	安徽天康（集团）股份有限公司
62	横店集团东磁股份有限公司
63	正泰新能科技有限公司
64	许继集团有限公司
65	晶科能源（海宁）有限公司
66	株洲中车时代电气股份有限公司
67	铜陵精达特种电磁线股份有限公司
68	南通瑞翔新材料有限公司
69	北方华创科技集团股份有限公司
70	浙江万马股份有限公司
71	欧菲光集团股份有限公司
72	天水华天电子集团股份有限公司
73	上海移远通信技术股份有限公司
74	长飞光纤光缆股份有限公司
75	深南电路股份有限公司
76	通光集团有限公司
77	深圳市泰衡诺科技有限公司
78	骆驼集团股份有限公司

续表

排名	企业名称
79	曙光信息产业股份有限公司
80	深圳传音制造有限公司
81	北京智芯微电子科技有限公司
82	湖北万润新能源科技股份有限公司
83	江苏当升材料科技有限公司
84	华工科技产业股份有限公司
85	深圳市康冠科技股份有限公司
86	深圳市天珑移动技术有限公司
87	厦门宏发电声股份有限公司
88	浙江南都电源动力股份有限公司
89	苏州旭创科技有限公司
90	华域视觉科技(上海)有限公司
91	深圳市共进电子股份有限公司
92	联创电子科技股份有限公司
93	绵阳惠科光电科技有限公司
94	常州亿晶光电科技有限公司
95	浙江晶盛机电股份有限公司
96	三维通信股份有限公司
97	广州视琨电子科技有限公司
98	浙江长城电工科技股份有限公司
99	富联统合电子(杭州)有限公司
100	华润微电子有限公司

资料来源：2023年9月，中国电子信息行业联合会发布《2023年度电子信息企业竞争力百强企业》名单。

2023年国家技术创新示范企业名单

附表3　2023年国家技术创新示范企业名单

序号	所在地区或所属企业	企业名称
1	北京市	北方华创科技集团股份有限公司

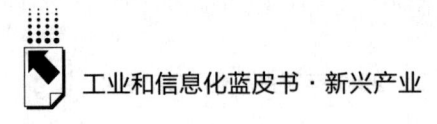

续表

序号	所在地区或所属企业	企业名称
2	天津市	中重科技（天津）股份有限公司
3		天津铁路信号有限责任公司
4		天津久日新材料股份有限公司
5	河北省	中裕铁信交通科技股份有限公司
6		晶澳太阳能科技股份有限公司
7	山西省	中车太原机车车辆有限公司
8	内蒙古自治区	内蒙古蒙牛乳业（集团）股份有限公司
9	辽宁省	沈阳仪表科学研究院有限公司
10		东软医疗系统股份有限公司
11	吉林省	长春捷翼汽车科技股份有限公司
12	黑龙江省	哈尔滨电机厂有限责任公司
13	上海市	上海微创心脉医疗科技（集团）股份有限公司
14		华勤技术股份有限公司
15	江苏省	苏州迈为科技股份有限公司
16		南京钢铁股份有限公司
17		无锡先导智能装备股份有限公司
18	浙江省	横店集团东磁股份有限公司
19		浙江伟星新型建材股份有限公司
20	浙江省	宁波永新光学股份有限公司
21	安徽省	安徽安利材料科技股份有限公司
22		安徽金禾实业股份有限公司
23		安徽皖维高新材料股份有限公司
24		界首市天鸿新材料股份有限公司
25	福建省	福建恒杰塑业新材料有限公司
26	江西省	江西联创电子有限公司
27	山东省	泰和新材集团股份有限公司
28		山东福瑞达医药集团有限公司
29	山东省	赛轮集团股份有限公司
30	河南省	河南心连心化学工业集团股份有限公司
31		郑州森鹏电子技术股份有限公司
32		河南光远新材料股份有限公司
33		洛阳轴承研究所有限公司

续表

序号	所在地区或所属企业	企业名称
34	湖北省	湖北航鹏化学动力科技有限责任公司
35		马应龙药业集团股份有限公司
36		武汉华工图像技术开发有限公司
37		泰晶科技股份有限公司
38	湖南省	湖南松井新材料股份有限公司
39		湖南湘投金天科技集团有限责任公司
40	广东省	OPPO广东移动通信有限公司
41		广东芬尼克兹节能设备有限公司
42		维沃移动通信有限公司
43	广西壮族自治区	广西建工集团建筑机械制造有限责任公司
44		方盛车桥(柳州)有限公司
45	重庆市	重庆博腾制药科技股份有限公司
46		重庆红江机械有限责任公司
47		重庆再升科技股份有限公司
48	四川省	成都利君实业股份有限公司
49		四川汇宇制药股份有限公司
50	贵州省	贵州安大航空锻造有限责任公司
51	云南省	海底鹰深海科技股份有限公司
52		云南贝泰妮生物科技集团股份有限公司
53	陕西省	西安凯立新材料股份有限公司
54		陕西凌云电器集团有限公司
55		陕西天成航空材料有限公司
56	甘肃省	甘肃海林中科科技股份有限公司
57	新疆维吾尔自治区	新疆有色金属工业(集团)有限责任公司
58	中国航天科工集团有限公司	湖北三江航天万峰科技发展有限公司
59	中国兵器工业集团有限公司	江苏曙光光电有限公司
60	中国电子信息产业集团有限公司	武汉达梦数据库股份有限公司
61	中国机械工业集团有限公司	经纬智能纺织机械有限公司
62	中国铝业集团有限公司	中铝郑州有色金属研究院有限公司
63	中国中化控股有限责任公司	江苏扬农化工股份有限公司
64	招商局集团有限公司	招商局金陵船舶(南京)有限公司
65	中国机械科学研究总院集团有限公司	北自所(北京)科技发展股份有限公司
66	中国化学工程集团有限公司	中国五环工程有限公司

续表

序号	所在地区或所属企业	企业名称
67	中国中车集团有限公司	中车山东机车车辆有限公司
68	中国医药集团有限公司	长春生物制品研究所有限责任公司

资料来源：中华人民共和国工业和信息化部网站。

符合《锂离子电池行业规范条件》企业名单（第七批）

附表4　符合《锂离子电池行业规范条件》企业名单（第七批）

序号	省份	企业名称（产品类型）
1	浙江	杭州南都动力科技有限公司（动力型、储能型电池）
2	安徽	安徽益佳通电池有限公司（动力型电池）
3	安徽	安徽利维能动力电池有限公司（储能型电池）
4	重庆	重庆市紫建电子股份有限公司（消费型电池）
5	江西	江西省金锂科技股份有限公司（正极材料）
6	江西	江西智锂科技股份有限公司（正极材料）

资料来源：中华人民共和国工业和信息化部网站。

2023年大数据产业发展试点示范项目名单

附表5　2023年大数据产业发展示范项目名单

序号	企业名称	项目名称
领域1:重点行业大数据应用示范(共59项)		
方向1. 原材料行业大数据方向(7项)		
1	苏州真趣信息科技有限公司	基于时空大数据的安全生产智能预警管控平台
2	华新水泥股份有限公司	基于大数据的水泥低碳制造智能化创新应用
3	中冶赛迪信息技术（重庆）有限公司	基于工业大数据平台的炼钢智能制造一体化管控技术及应用

续表

序号	企业名称	项目名称
4	鞍钢股份有限公司	基于5G+工业互联网的数据赋能智慧炼铁新模式
5	南京钢铁股份有限公司	基于高质量工业大数据的钢铁企业智慧运营系统
6	宝信软件(武汉)有限公司	钢铁行业生产经营全要素智慧决策解决方案
7	中国科学院沈阳自动化研究所	基于工业互联网的智慧云选矿管控系统
方向2. 装备制造行业大数据方向(12项)		
1	卡斯柯信号有限公司	基于大数据的轨道交通智慧运营运维综合化系统
2	中汽数据(天津)有限公司	基于C-ASAM标准体系的汽车研发试验数据管理平台
3	中科云谷科技有限公司	基于大数据的智能制造融合创新应用示范
4	智奇铁路设备有限公司	高铁轮对质量管控大数据平台建设
5	北京纵横机电科技有限公司	复兴号动车组核心部件制造及运用大数据应用
6	南京东华智能转向系统有限公司	基于数据流的轻量化数智工厂建设
7	山东麦港数据系统有限公司	轨道线路设备智能维护管理平台示范应用
8	合肥城市云数据中心股份有限公司	面向汽车行业的大数据治理和智能场景应用开发平台
9	中信戴卡股份有限公司	汽车零部件制造全流程数字化大数据研发和应用
10	重庆青山工业有限责任公司	汽车传动系统产业链数智经营能力提升
11	远东控股集团有限公司	远东大数据应用项目
12	上海外高桥造船有限公司	基于数字化技术的"元仓储"智慧物料管理平台研究及应用
方向3. 能源电力行业大数据方向(14项)		
1	上海发电设备成套设计研究院有限责任公司	基于大数据的源网荷储智能互动省域虚拟电厂平台
2	成都倍特数字能源科技有限公司	城市区域级数字能源(虚拟电厂)平台
3	联通数字科技有限公司	面向能源行业安全生产的工业大数据平台
4	光大环境科技(中国)有限公司	光大环境垃圾焚烧炉大数据分析系统
5	湖南大唐先一科技有限公司	智能电厂燃料大数据综合管理应用平台
6	四川宏华电气有限责任公司	面向油气行业的压裂智能生产管控一体化平台开发与应用示范

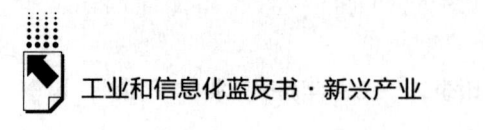

续表

序号	企业名称	项目名称
7	中国石油塔里木油田分公司	钻完井远程管控大数据应用
8	南方电网数字平台科技（广东）有限公司	面向能源行业的可信数据空间关键技术研究及应用
9	中国石油化工集团有限公司	中国石化智能工厂建设项目
10	石家庄科林电气股份有限公司	智慧能源管控项目
11	福州市长乐区产业投资发展集团有限公司	面向源网荷储虚拟电厂的能源大数据应用示范
12	苔花科迈（西安）信息技术有限公司	矿山工业互联网数字化平台
13	昆仑数智科技有限责任公司	长庆乙烷制乙烯智能化工厂建设实践
14	中国能源建设集团广东省电力设计研究院有限公司	广东省海上风电大数据中心
方向4. 消费品行业大数据方向（5项）		
1	金宇保灵生物药品有限公司	大数据在动物健康养殖服务中的应用
2	深圳市明心数智科技有限公司	"跨赋"数据驱动的一站式跨境贸易服务平台
3	华润网络（深圳）有限公司	消费场景数智化可信融通平台
4	长威信息科技发展股份有限公司	"一品一码"优质食品选品平台
5	波司登羽绒服装有限公司	数字赋能品牌服装研产销全价值链协同项目
方向5. 电子信息行业大数据方向（2项）		
1	成都数之联科技股份有限公司	面向电子信息行业的产品缺陷智能检测与根因分析平台
2	曙光信息产业股份有限公司	大数据驱动的智能工厂示范应用平台
方向6. 其他行业大数据方向（19项）		
1	焦点科技股份有限公司	面向跨境的流量生态大数据平台
2	北京京东乾石科技有限公司	大数据驱动下的一体化供应链及智慧物流示范应用
3	浙江托普云农科技股份有限公司	水稻全产业链大数据应用服务平台
4	上海跬智信息技术有限公司	Kyligence一站式指标平台
5	中电金信数字科技集团有限公司	中电金信金融大数据研发工作站

续表

序号	企业名称	项目名称
6	黑龙江农投大数据科技有限公司	黑龙江省农业农村金融服务平台
7	长城信息股份有限公司	基于一站式大数据开发治理平台的金融渠道数字化运营应用示范
8	同程网络科技股份有限公司	同程旅行大数据一站式出行平台
9	成都新希望金融信息有限公司	基于多源异构和多模态的大数据实时风控平台
10	大象慧云信息技术有限公司	基于大数据的税务数字化平台
11	郑州悉知信息科技股份有限公司	面向世界工厂的大数据融合服务平台
12	聚龙股份有限公司	现金流通大数据管理平台
13	昆明安泰得软件股份有限公司	基于大数据的全生命期数字路网平台研发与示范应用
14	贵州电子商务云运营有限责任公司	一码贵州·产业应用聚合开放示范项目
15	中海物业管理有限公司	中海物业数字化业务运营与管控平台
16	中国邮电器材集团有限公司	贸易行业数字化供应链大数据平台
17	中国人民人寿保险股份有限公司	基于大数据技术的保险行业应用平台及示范
18	云南省交通投资建设集团有限公司	云南省交通大数据中心建设及应用
19	建科环能科技有限公司	建筑能源系统低碳智慧运维解决方案

领域2：数字化治理应用示范（共26项）

方向7. 政务管理数字化建设方向（17项）

序号	企业名称	项目名称
1	山东高速信息集团有限公司	基于交通运输大数据中台的一体化运行监测和应急指挥调度平台
2	中国电子科技集团有限公司电子科学研究院	立体化社会治安防控体系大数据智能工程应用
3	思创数码科技股份有限公司	全口径投资项目大数据监管服务平台
4	浪潮软件科技有限公司	基于浪潮数智底座的大数据智税平台及应用
5	智慧足迹数据科技有限公司	中国联通智慧足迹经济大脑
6	中电工业互联网有限公司	基于自主计算的工业经济治理智能监测平台
7	城云科技（中国）有限公司	面向城市治理的大数据智能治理平台及应用示范

续表

序号	企业名称	项目名称
8	西安天和防务技术股份有限公司	"天空地人"一体化生态保护数据服务项目
9	福建榕基软件股份有限公司	榕基新一代一体化大数据融合治理平台
10	中国汽车工程研究院股份有限公司	汽车公共数据服务平台
11	浙江浙大网新软件产业集团有限公司	和谐用工预警监测平台
12	辽宁宏图创展测绘勘察有限公司	辽宁宏图时空大数据一体化智慧督察平台
13	创意信息技术股份有限公司	数智化生命体征体系管理平台应用与推广项目
14	数字苏州建设有限公司	以数字技术创新城市驾驶舱运行管理服务
15	云上贵州大数据产业发展有限公司	贵阳市城市运行管理中心
16	内蒙古生态环境大数据有限公司	"空天地一体化"大气污染精细化协同监管平台
17	吉林省中农阳光数据有限公司	长春市数联网智慧乡村综合服务平台项目
方向8. 公共服务数字化建设方向(9项)		
1	成都中科大旗软件股份有限公司	基于大数据的文化和旅游公共服务平台"智游天府"
2	众阳健康科技集团有限公司	云一体化智慧医院服务平台
3	武汉烽火信息集成技术有限公司	珠海智慧卫生健康一体化项目
4	浙江正元智慧科技股份有限公司	基于大数据的高校智慧思政能力平台
5	江苏曼荼罗软件股份有限公司	集约式基层医疗卫生云平台应用示范
6	银江技术股份有限公司	社会基层治理一体化智治系统
7	浪潮软件股份有限公司	基于政务大数据的智能政务服务平台
8	企查查科技股份有限公司	一站式企业信用信息大数据服务平台
9	山西静态交通建设运营有限公司	山西静态交通一体化运营管理平台的研究与应用

续表

序号	企业名称	项目名称
领域3：数据管理和流通领域示范（共19项）		
方向9. 数据管理能力提升方向（12项）		
1	马上消费金融股份有限公司	基于DCMM的零售金融数据管理能力和服务水平提升
2	联想（北京）有限公司	联想大数据平台建设和运营项目
3	中译语通科技股份有限公司	基于科技知识数据和大模型应用的科创智能加速器
4	国家能源集团物资有限公司	基于人工智能的主数据协同平台创新应用项目
5	浪潮通用软件有限公司	浪潮海岳跨时空多源异构数据融合开放共享平台项目
6	深圳市明源云科技有限公司	不动产行业天际数据资产管理解决方案
7	中国铁建重工集团股份有限公司	基于数据全生命管理的企业大数据平台研发与应用
8	中车长春轨道客车股份有限公司	中车长客数据治理与分析应用
9	中科星图智慧科技有限公司	智慧时空大数据平台
10	中国移动通信集团贵州有限公司	数据开发治理及管理一体化平台
11	中国铁路信息科技集团有限公司	铁路全域数据资源一体化管理及应用
12	联通大数据有限公司	联通大数据一体化数据资产管理创新实践
方向10. 数据流通技术创新方向（5项）		
1	中电数创（北京）科技有限公司	基于数据元件的数据流通关键技术研发与应用
2	苏州数据资产运营有限公司	数据要素价值共创平台
3	太极计算机股份有限公司	面向家庭和个人的"健康数字身份"
4	中国移动通信集团河南有限公司	基于隐私计算的可信融合大数据治理链技术研究与实践
5	郑州数据交易中心有限公司	数据要素综合服务平台
方向11. 数据流通生态培育方向（2项）		
1	北京奇虎科技有限公司	基于DSMM国家标准的数据安全服务应用实践
2	北京易华录信息技术股份有限公司	易数工场——数据要素融通服务平台

资料来源：2024年1月15日工业和信息化部办公厅关于公布2023年大数据产业发展示范名单的通知。

附录三
新兴产业未来前沿方向

世界经济论坛：2024年十大新兴技术[①]

2024年6月26日世界经济论坛（the World Economic Forum）与Frontiers杂志共同发布《2024年十大新兴技术》（TOP 10 Emerging Technologies of 2024，以下简称"报告"）。

该报告揭示了一系列多样化的、引领未来的技术方向。

1. 驱动科学发现的人工智能

人工智能用于科学研究已有多年，深度学习、生成式人工智能和基础模型等技术的进步正在彻底改变科学发现的过程。人工智能可以帮助科研人员在了解疾病、开发新材料和更好地认识人类精神世界方面获得前所未有进步。

2. 隐私增强技术

"合成数据"既能保护个人隐私，又能提供新的全球数据共享和合作机会，因此必将通过在健康研究方面的强大应用，改变我们处理信息的方式。

3. 智能超表面

这些创新的表面能把普通墙壁变成无线通讯智能组件，同时提

[①] 资料来源：世界经济论坛官网，https：//cn.weforum.org/press/2024/06/shi-jie-jing-ji-lun-tan-ping-xuan-chu-jie-jue-quan-qiu-tiao-zhan-de-shi-da-xin-xing-ji-shu/。

高无线网络的能源效率，有望实现从智能工厂到车载网络的广泛应用。

4. 高空平台通信系统

以航空器、软式飞船和气球为载体，将移动网络延伸至偏远地区，帮助全球超过 26 亿人消除数字鸿沟。

5. 通信感知一体化

6G 网络的问世有助于实现同步数据采集（感知）和传输（通信），其催生的环境监测系统能够助力智能农业、环境保护和城市规划。通信感知一体化设备还有望降低能源和硅消耗。

6. 建成世界的沉浸式技术

在这些技术的支持下，设计师和建筑专业人员能够核对实体和数字模型之间的一致性，确保项目的准确性和安全性，并能促进可持续发展。

7. 弹性热量材料

随着全球气温的上升，对制冷的需求必定大幅上升。弹性热量材料能提高能效和降低能耗，在机械应力下释放和吸收热量，为当前技术提供一种可持续的替代性选择。

8. 能捕获碳的微生物

人工打造的微生物将排放物转化为生物燃料等重要产品，为减缓气候变化提供富有前景的方法。

9. 替代性蛋白质饲料

取自单细胞蛋白质、藻类和食物垃圾的家畜蛋白质饲料，提供了一种可持续的农业发展方案。

10. 能够改善器官移植的基因组研究

将转基因器官成功植入人体，标志着医疗科技的重大进步，为数百万等待器官移植的患者带来了希望。

腾讯研究院：2024年数字科技前沿应用趋势[①]

腾讯从连接、交互、计算和智能四个维度，对100多项未来技术和重点方向给出了趋势性判断。从星地直连的卫星互联网，到垂直起降飞机的未来交通网，再到能源、信息和交通的多网协同，未来网络连接的广度和深度都将有无限可能。交互方式正在发生变革，数字交互引擎不仅让虚拟世界更真实，也让真实世界更丰富，未来的全新3D视界呼之欲出，脑机接口的新进展也带来了更大的想象空间。计算无疑是各类智能的底层基础支撑，也成为当前竞争的焦点领域。而智能的升级，不仅会给机器人注入具身智能，还给微观世界的基因计算带来新突破。

1.高性能计算的"四算聚变"

高性能计算集群、量子计算、云计算和边缘计算的"四算融合"成为演进新方向；量子芯片的模块化和芯片互联，将推动其更快走向实用；算力云服务更普及，科学计算的模拟应用需求将大幅增加；业界更关注可持续计算和计算效能，并加速相关技术研发，"量子效用"会成为量子算力的重要评价体系。

2.多模态智能体加速AGI进程

通用人工智能渐行渐近，大模型走向多模态，AI智能体（Agent）有望成为下一代平台；端侧大模型加速部署，或将成为未来交互新入口。AI在数学推理、新药研发、材料发现、蛋白质合成等领域大显身手，"AI科学家"有望加速问世。价值对齐是大模型的必由之路，将成为AI产品的核心竞争力。全球已达共识，AI治理将引

[①] 资料来源：腾讯研究院官网，https://www.tisi.org/frontier-technology-trends/2024/。

3. AI 加速人形机器人"手、脑"进化

近年来,人形机器人技术加速演进,已成为科技竞争的新高地、未来产业的新赛道、经济发展的新引擎。一是在思考能力层面,大模型的嵌入极大提升机器人感知环境、分解任务、规划流程以及与环境交互的能力;二是在训练平台方面,云边结合的分布式计算平台发展,强化了机器人的训练和分析决策速率;三是在执行层面,以"灵巧手"为代表的关键技术,进一步强化了人形机器人末端执行应用能力,尤其是近操作等能力。

4. AI+基因计算解读生命密码

AI 成为基因组学创新的关键驱动力,正在与基因测序、基因编辑、基因合成等融合发展。在农业生物育种领域,AI+生物技术正在加速育种 4.0 时代到来;在医疗健康领域,AI+基因计算将助力实现个性化健康预测;在生物医药领域,AI+基因工程有望促进分子药物设计和研发规则创新。利用大模型破解复杂生物问题是当前的布局热点,例如,Google Deep Mind 发布 Alpha Missense 大模型,腾讯 AI Lab 提出单细胞注释模型 scBERT,清华大学 AIR 与水木分子发布多模态生物医药大模型 BioMed GPT。

5. 数字交互引擎激发超级数字场景

数字交互引擎集成了物理模拟、3D 建模、实时渲染等多种前沿技术,是文化科技融合的典型产物。在发展前期,数字交互引擎主要应用于游戏场景,在行业场景下被称为"游戏引擎"。当前,数字交互引擎已经广泛应用于工业制造、航空航天等多元领域,成为构建实时虚拟世界、实现虚实交互的关键工具集。

随着数字交互引擎与 AIGC 等技术的加速融合,未来将打造更多超级数字场景、助力数实融合走向新高度。大众应用方面,数字交互引擎有望走向 UGC 形态内容工具,以更低的使用门槛为大众提供 3D

内容的生产力；行业应用方面，数字交互引擎将推动各行业数字孪生走向实时性，促进各领域提高研发生产效率、降低产业创新风险。

6. 脑机接口从医疗突破迈向交互革命

在数字技术尤其在 AI 持续突破的加持下，加之生物相容性电极、微创植入等关键技术的进展，脑机接口（BCI）将呈现加速发展趋势。一是加速脑科学研究，助力医疗领域神经系统疾病监测及诊疗突破，可望向神经系统相关的疾病治疗、人体增强等多样化场景深化应用。二是脑机接口与混合现实深化融合，推动新一代人机交互模式变革，融合肌电、眼动、脑电等多重交互方式，创新体验和应用。三是脑机接口与 AI 有效结合，促进类脑芯片等创新，推动更高效、安全的类脑智能发展，提升人机协作能力。

7. 沉浸式媒体催生3D在场

为了支持更加真实多样的媒体内容表达和用户互动能力，多媒体数据形式正从 2D 平面升维到 3 自由度，再到 6 自由度的 3D 立体空间。全景视频、三维重建、自由视角、虚实融合、数字孪生、6 自由度全息视讯等 3D 媒体技术成为核心。

未来视频将进一步向沉浸式体验、高效生成演进、从面向人眼视觉到面向机器视觉、从消费级扩展到产业端。体验、内容生成、标准和网络协议的重要性进一步提升。伴随着设备从平板到 XR、裸眼 3D 显示设备的升级、生成式 AI 技术的进步，以及远程作业等产业互联网对音视频需求的提升，沉浸式媒体技术将迎来更大发展。

8. 星地直连通信推动泛在网络覆盖

具备"直连手机"功能的卫星成功发射，标志着星地直连泛在网络全面普及的开始。一方面，可回收火箭技术日臻成熟，卫星发射成本显著降低。另一方面，民用手机逐步实现星地网络兼容，窄带直连在应急、野外等场景即将广泛应用。

星地直连时代，必然催生大量的软硬件需求。其中一个重点趋势是对于宽窄带结合的即时通信和应急通信产品的新需求，由此带来对语音和视频压缩技术的新需求。另外一个重点趋势是泛在物联网的爆发。

9. eVTOL 加速空中出行奔赴新时代

随着城市化进程加速，人类社会对绿色高效的交通方式的需求日益迫切。由电动垂直起降飞行器（electric vertical take-off and landing，eVTOL）驱动的空中交通被视为推动低空经济发展的核心引擎。

面对多元化应用场景需求，eVTOL 在关键核心技术仍处于验证比较、市场选择到大规模应用的"前夜"，但空中交通的实践已开始逐步落地。当前，纯电推进的 eVTOL 成为主流，锂电的里程碑式突破有望推动 eVTOL 续航里程大幅提升，为 eVTOL 执行中长距离空中交通奠定技术基础。

未来，氢原料电池技术的创新突破，也是航空业实现净零排放和超长续航值得关注的方向。长期来看，智能化技术在 eVTOL 和空中交通管理系统的应用，将加速无人驾驶空中交通愿景实现。

10. 多能流实时协同重塑虚拟电厂

工业化、大模型、新能源汽车等对电力的需求持续攀升，要求电力架构必须做出变革，数字化助力电网平衡成为刚需。数字化整合后的广域虚拟电厂将成为现实。将交通网、信息网、能源网多能流网络互联并实时协同，可以让用电大户变身为电网调控的灵活性调节资源，为未来城市乃至区域间的电力系统提供更加高效的调控能力，推动新型电力系统转型。

中国科学院：2023年研究前沿[①]

2023 年 11 月 28 日，中国科学院科技战略咨询研究院、中国科

---

① 资料来源：科睿唯安官网，https://clarivate.com.cn/2023/11/28/2023researchfronts/。

学院文献情报中心和科睿唯安（Clarivate analytics）举办"2023研究前沿发布暨研讨会"，联合发布《2023研究前沿》，遴选和展示自然科学和社会科学的十一大学科领域中的热点前沿和新兴前沿，也是双方连续第十年携手发布《研究前沿》系列报告。

报告遴选出128个研究前沿，包括110个热点前沿和18个新兴前沿。报告为科研管理者和政策制定者提供了全球科研的最新进展和动态，帮助他们以有限的资源来支持和推进科学进步。从科学领域具体热度指数得分来看，中国在农业科学、植物学和动物学领域，生态与环境科学领域，化学与材料科学领域，信息科学领域和经济学、心理学及其他社会科学领域这5个领域研究前沿热度指数得分排名世界第一。

1. 临床医学领域

TOP10热点前沿集中于肿瘤免疫治疗、靶向治疗和分子特异性PET成像，遗传病基因治疗，以及新冠相关药物治疗和疫苗评价等方面。肿瘤免疫治疗、靶向治疗历年来一直保持较高热度，是今年热点前沿的核心议题。临床医学领域2023年入选的5个新兴前沿主要涉及猴痘流行病学研究、黑色素瘤免疫治疗、托法替尼治疗的心血管风险、前列腺癌联合治疗、2型糖尿病治疗5个方面。

2. 生物科学领域

TOP10热点前沿包括先导编辑技术、新型测序技术、人工智能预测蛋白质结构、人类全基因组泛癌分析、阿尔茨海默病的血液生物标志物、外泌体的生物学功能和新型冠状病毒（SARS-CoV-2）感染等研究方向。生物科学领域有4项研究入选新兴前沿，主要研究主题包括"爱泼斯坦-巴尔病毒（EBV）是导致多发性硬化症的主要原因"、"人类基因组的完整序列"、"铜死亡：铜诱导肿瘤细胞死亡机制"和"色氨酸代谢：疾病治疗新靶点"。

3. 化学与材料科学领域

TOP10热点前沿主要分布在电化学、纳米材料、有机化学、新兴交叉等研究方向。电化学方向有4项，分别为海水电解催化剂、电催化硝酸根还原合成氨、阴离子交换膜燃料电池、电催化合成过氧化氢。纳米材料方向有3项，分别为高熵合金催化剂、量子点发光二极管、二维晶体管。有机化学方向有2项，分别为人工分子机器和超分子粘合剂。新兴交叉方向有1项，为机械化学。其中，人工分子机器和机械化学都是第二次入选TOP10热点前沿。化学与材料科学领域共有2项研究入选新兴前沿，且均与能源的转化和存储相关。"高性能HER和ORR光催化剂的开发及其在太阳能燃料合成中的应用"，主要涉及利用光催化剂，如共价有机框架化合物和金属氧化物半导体（主要是BiVO4）等，通过氢还原反应（HER）和氧还原反应（ORR）将太阳能转化为绿色燃料，如氢气和双氧水。而"聚合物介质电容器的制备"主要涉及利用聚合物作为电容器的介质，调整其组成和结构，实现电容器能量密度和放电效率的同时提高。

4. 农业科学、植物学和动物学领域

TOP10的热点前沿分布广泛，涉及食品科学与工程、植物免疫调控、植物非生物胁迫响应机制、植物生长发育调控、植物基因组、动物营养等6个子领域。农业科学、植物学和动物学领域有1个方向入选新兴前沿，是"水果采摘机器人的识别与定位方法"。

5. 生态与环境科学领域

TOP10热点前沿主要分布在生态科学和环境科学两个子领域，针对新型环境问题、新型解决方案的研究方向是本年度的主要关注点。具体来看，环境科学子领域的热点前沿主要涉及微塑料、气候变化、臭氧等新型环境问题，及新型水体污染控制技术、废水流行病。生态科学子领域的热点前沿主要涉及生物多样性、生态治理两个方面，具体包括"昆虫衰退现状、灭绝危机与驱动因素""全球河流生

物多样性危机及水坝对其的影响""'基于自然的解决方案'的理论与应用"。生态与环境科学领域有一个方向入选新兴前沿，即"人体组织中微塑料的检测与暴露"。

6. 地球科学领域

地球科学领域是一门高度依赖观测技术的学科，2023年地球科学领域TOP10热点前沿中有6个属于地理学相关研究，3个大气科学研究和1个行星地质学研究，且大多利用了地球系统模型和对地观测技术等先进的技术方法与模型，促进新的科学发现。地球科学领域有1项研究入选新兴前沿，即"汤加火山喷发全球影响研究"。

7. 物理学领域

TOP10热点前沿主要集中于凝聚态物理、理论物理、高能物理、光学和量子物理。凝聚态物理方面的热点前沿有4个，新型超导材料的研究表现突出，包括笼目超导材料AV3Sb5、无限层型镍酸盐以及富氢化物。此外，过渡金属硫化物的莫尔超晶格成为了新出现的热点前沿。理论物理方面的热点前沿有2个，分别聚焦黑洞信息佯谬与纠缠熵以及量子场论中的散射振幅研究。高能物理方面的热点前沿有2个，部分子分布函数是新出现的热点前沿，μ子反常磁矩的测量连续两年入选热点前沿。光学和量子物理各有1个新出现的热点前沿，分别关注AlGaN深紫外发光二极管和双场量子密钥分发。物理学领域有1项研究入选新兴前沿，即"基于W玻色子质量精确测量结果的理论研究"。

8. 天文学与天体物理学领域

TOP10热点前沿涉及引力波观测和理论、原初黑洞、宇宙再电离时期观测、快速射电暴、弱引力透镜巡天、弦论与宇宙学、银河系恒星晕等研究主题。总体来看，引力波相关研究仍是表现最为突出的研究主题，观测发现和理论研究并举，涌现了"激光干涉仪引力波天文台"和"欧洲引力波探测器"引力波观测活动阶段成果、基于

GW170817引力波事件观测约束中子星性质、原初黑洞性质及引力波观测、黑洞阴影和四维Einstein-Gauss-Bonnet引力理论等多个热点前沿。快速射电暴事件的观测和理论研究再次上榜。2020年的新兴前沿弦论沼泽地猜想与宇宙学进入2023年热点前沿行列。大型科学任务平台产出依旧瞩目，除两大引力波探测器外，"盖亚"发布阶段成果榜上有名。天文学与天体物理学领域有2项研究入选新兴前沿。

9. 数学领域

TOP10热点前沿主要集中于扩展物理信息神经网络、Onsager猜想的证明、非线性时间分数阶反应扩散方程、样本均数最优估计方法研究、二阶能量稳定BDF数值格式、非线性动力学系统收敛性研究、基于随机块模型的社区发现、基于深度学习的高维偏数值算法、回归不连续性设计、贝叶斯多层次模型及应用研究等研究方向。与往年相比，2023年TOP10热点前沿既有延续又有发展。偏微分方程性质及求解研究以及非线性系统方向的多个热点前沿连续多年入选该领域的热点前沿或新兴前沿，Onsager猜想的证明是该领域亮点研究成果的突出代表。

10. 信息科学领域

TOP10热点前沿主要集中于人工智能基础理论方法、6G通信、人-机交互、类脑智能、医学信息处理等方向。人工智能基础理论方法方面的热点前沿有5个，生成式对抗网络、宽度学习系统、用于边缘计算的联邦学习成为新的热点前沿，可解释人工智能从去年的新兴前沿成为今年的热点前沿；强化学习相关前沿多次出现在热点前沿中，本期重点是推动强化学习解决真实世界问题的MuZero算法。6G通信方面的热点前沿有两个，深度学习在物理层通信中的应用首次成为热点前沿，可重构智能超表面是从去年的新兴前沿进入到今年的热点前沿。在人-机交互方面，下一代VR/AR实时全息近眼显示方法首次成为热点前沿。在类脑智能方面，脉冲神经网络及其神经形态芯片首次出现。在医学信息处理方面，用于脑电信号分析的卷积神经网络首次成为热点前沿。

11. 经济学、心理学及其他社会科学领域

经济学、心理学及其他社会科学领域位居前10位的热点前沿体现了经济社会向数字化、绿色化转型发展的趋势。"供应链风险管理及区块链技术在其中的应用"、"消费者对在线订餐服务的使用和接受研究"和"人工智能（AI）伦理"3个热点前沿侧重数字化、智能化对经济社会的改变和影响分析。绿色可持续发展也是该领域热点前沿中另一个突出的主题，有3个前沿方向与之相关，包括"绿色能源消费和经济政策的不确定性研究""土地利用效率及可持续发展问题""绿色创新与环境绩效"。此外，"儿童和青少年体育锻炼干预措施研究"也成为2023年热点前沿。经济学、心理学及其他社会科学领域有1项研究入选新兴前沿，即"以人为本、可持续性和富有弹性的工业5.0发展"。

阿里巴巴达摩院：2023年十大科技趋势[①]

2023年1月11日，阿里巴巴达摩院发布年度十大科技趋势预测，这些前沿科技趋势将重塑不同行业的未来。达摩院分析了过去3年的公开论文和专利申请，并访问了全球近100名科研工作者、企业家及工程师，综合发布了前沿科技趋势预测。达摩院预计，这些技术将加速突破，并于经济和社会方面对各核心行业产生积极影响。

1. 生成式AI

生成式AI是利用现有文本、图像或音频文件创建新内容的技术。目前生成式AI通常被用来生成产品原型及初稿，应用场景涵盖游戏、

[①] 资料来源：阿里巴巴官网，https://www.alibabagroup.com/document-1549860542816976896。

广告、平面设计等。随着技术的进步与成本的降低，生成式 AI 将成为一项普惠科技，大大提高数字化内容的丰富度、创造性与生产效率。

在未来三年，生成式 AI 将进一步市场化，形成更多样的商业模式和更完善的产业生态。生成式 AI 模型将在交互能力、安全性和智能化方面获得显著进展，辅助人类完成各种创造性工作。

2. 双引擎智能决策

基于运筹学的经典决策优化存在不少局限，如对不确定性问题处理不够好、大规模求解响应速度不够快等。学术界和产业界开始探索引入机器学习，运用双引擎新型智能决策体系，完全互补以提升决策速度和质量。未来，这项技术将更广泛地应用于不同场景，在大规模实时电力调度、港口吞吐、机场停机安排、制造工艺等特定领域，为不同企业位处不同地域的机构推进全局实时动态资源配置优化。

3. 云原生安全

云原生安全不仅实现云基础设施的原生安全能力，亦借助云原生技术提升安全服务。安全技术与云计算正实现前所未有的紧密结合。应用科技的发展由"容器化部署"、"微服务化转型"走向"无服务器化"，安全服务也随着这一发展趋势迈向原生化、精细化、平台化和智能化。

未来 3~5 年，云原生安全将变得更加通用，更易应用于多云架构，帮助客户构建覆盖混合架构、全链路、动态精准的安全防护体系。

4. 多模态预训练大模型

多模态预训练大模型正发展成为人工智能系统的新范式及基础设施。这些模型可以从不同的模态中获取知识，并基于统一的表示学习框架呈现知识。未来大模型作为图像、文本、音频人工智能系统基础设施，将朝着推理、答问、总结、创作的认知智能方向演进。

5. 软硬融合云计算体系架构

以云基础设施处理器（CIPU）为中心的全新架构将成为云计算的演进方向，通过软件定义、硬件加速，在保持云端应用开发的高弹性和敏捷性的同时，带来云端应用的全面加速。在此基础上，CIPU将成为下一代云计算的标准，给核心软件研发和专用芯片设计带来新的发展机遇。

6. 端网融合的可预期网络

可预期网络（PredictableFabric）是由云计算不断进步而驱动的、伺服器端侧和网络协同的高性能网络互联系统，旨在提供高性能的网络服务。这也是当今计算和网络能力逐渐融合的必然趋势。透过云定义的协议、软件、芯片、硬件、架构、平台的全栈创新，可预期网络将颠覆目前基于传统互联网TCP（传输控制协定）的技术体系，成为下一代数据中心网络的核心，亦将加速可预期网络从数据中心网络到广域云骨干网的应用。

7. 计算光学成像

计算光学成像是一门新兴的跨学科技术，它结合数学模型和信号处理能力，深度分析光场信息，突破传统光学成像极限。计算光学成像目前已于手机摄像、医疗、无人驾驶等领域开始规模化应用。未来，计算光学成像有望进一步颠覆传统成像体系，带来更具创造力和想象力的应用，如无透镜成像、非视域成像等。

8. 芯粒

芯粒将传统的SoC（系统级芯片）分解为多个芯片模块，将这些芯粒分开制备后再通过互联封装形成一个完整芯片。芯粒的互联标准将逐渐统一，加速芯粒的产业化。在先进封装技术的推动下，芯粒或将重构集成电路的研发流程，重塑芯片产业格局。

9. 存算一体

存算一体将计算单元与存储单元集成在同一芯片上，在实现数据存储的同时直接进行计算。未来，存算一体芯片将用于更强大的应用程式，如云端推理等高算力场景。它将推动传统的计算架构演进至以数据为中心的架构，并对云计算、人工智能、物联网等产业发展带来积极影响。

10. 大规模城市数字孪生

城市数字孪生已成为城市精细化治理的新方法。目前，大规模城市数字孪生已在交通治理、灾害防控、碳达峰与碳中和等应用场景取得较大进展。城市数字孪生在大规模应用的基础上，将继续向无人化及多维化演进。

百度研究院：2023年十大科技趋势预测[①]

2023年1月5日，百度研究院发布2023年十大科技趋势预测，2023年上榜的十大科技趋势涵盖了大模型生态、数实融合、虚实共生、自动驾驶、机器人、科学计算、量子计算、隐私计算、科技伦理和科技可持续发展等领域，凸显了技术底座不断夯实、AI跨领域融合更加扎实、智能化创新更加务实，"技术向实"正在发生。

1. 大模型生态——行业大模型生态初现，服务千行百业智能化升级

依托深度学习平台，大模型技术的效能不断提升，已经具备了很强的通用性、泛化性和可解释性，能够解决AI碎片化难题，持续降低AI开发与应用的门槛，大模型技术已然逐步走向成熟。随着大模型训练能力、核心算子库和软件平台布局等的不断完善，大模型技术正深入到行业需求之中。尤其在航天、金融、能源等领域，"行业大模型"开始浮现，且以AI基础设施之姿，推进"AI+行业"的应用创新。预测行业大模型将覆盖更多领域，并逐渐形成生态。在生态系

[①] 资料来源：百度公众号，https://mp.weixin.qq.com/s/jEiqFTLh5E3h_2h7RP7ClA。

统搭建进程中，"普惠AI"将不再是一个口号，而是将真正地服务千行百业的智能化升级。

2. 数实融合——AI新型基础设施建设需求增长，"数实"进一步深度融合

2023年A股市场喜迎开门红，数字经济板块一马当先，掀起"涨停潮"。数字经济的高质量发展，将绕不开"数实融合"。一方面，智算中心、深度学习平台和大模型等AI新型基础设施加快推动着AI技术落地，满足以制造业为主的实体经济转型需求；另一方面，我国庞大的制造业规模、丰富的应用场景和海量数据资源，非常有利于AI模型的迭代进化、技术与场景的融合，将催生出具有产业通用性的新产品新业态。预测AI新型基础设施建设，短期来看，将成为各地政府发展数字经济的重要抓手之一，中长期则将促进数字技术和实体经济深度融合。

3. 虚实共生——虚拟现实技术和产业发展呈现出加快态势

出于对未来的畅想，人们预期虚拟世界与物理世界的关系将从紧密连接，进阶到彼此交互、融合和共生。预计2023年，得益于众多关键数字技术的突破，这一趋势将会加快。随着虚拟现实应用领域的不断扩展和深化，特别是Web3.0对虚拟现实技术提出的一系列新的需求，正推动虚拟现实进入2.0阶段。随着AIGC、VR/AR、5G等技术轮番"上场"，一个全面和丰富的元宇宙业态有望加速成型。

4. 自动驾驶——自动驾驶技术推动智能汽车产业"扬帆远航"。

2022年，自动驾驶赛道围绕"融资"与"量产"这两个关键词，经历了"冰与火"。2023年，自动驾驶逐步进入城市场景，面临的技术难题依然很多：无论是感知复杂环境、还是处理海量数据的难度都大大增加。此时，传统小模型无法满足高级别自动驾驶的要求。业界开始通过引入大模型技术，让自动驾驶汽车有效扩充语义识别数

据，大幅提升长尾问题解决效率，进一步增强自动驾驶感知泛化能力，适应更多出行场景。预计2023年，中国主要城市自动驾驶商业化落地将呈现"运营范围、车队规模双增长"的趋势，拥有自动驾驶技术的智能汽车的市场渗透率也将有新突破，智能汽车产业将从此前的"试水试航"走向"扬帆远航"。

5. 更多机器人——行业应用机器人落地加速

伴随全球老龄化加剧，未来各行业将面临严重的劳动力短缺的问题。早在数年前，不少国家就积极发展自动化技术，以改变劳动力短缺困境。人们将看到更多智能的行业应用机器人穿行在人类工作场景。AI加持的各类机器人，将在实时感知、智能决策、优化控制等方面获得更大提升，越来越多地应用于施工、开采、救灾等需要大量人力的工作场景。

6. 科学计算——AI技术成为重要科研辅助力量，升级多学科研究范式

通过引入AI技术，研究者们开发了科学计算工具，来解决传统科学计算过于复杂而难以求解的问题，提升系统建模分析能力。未来会有更多功能强大的科学计算工具出现，推动AI技术成为重要的科研辅助力量，在物理、化学、生物、材料学等基础科学及药物研发等应用领域体现自身的独特价值。以AI for Science为代表的跨领域融合创新，正在发展出完善的工具体系、正从理念设想转化为实际价值，这将进一步推动科研范式的变革和新兴产业的发展。

7. 量子计算——核心技术持续突破，量子计算产业化进程加速

过去一年，量子计算技术已在软硬件、应用和网络等关键技术方向实现新一轮突破。随着量子计算硬件性能与量子算法的不断提升，量子软硬一体化方案的价值与需求将会更加凸显。2023年，多种技术路线的量子芯片性能指标将持续提升，易用性更强的量子计算平台也将提供更丰富的服务。同时，更多具备实际应用价值的量子算法也

将诞生。而随着公众对量子信息科学的关注不断增强，有关量子科普与教育也将产生更加广泛与迫切的需求。

8. 隐私计算——兼顾价值创造和安全可信，隐私计算平台期待互联互通

作为平衡数据利用与安全的重要路径，隐私计算的重要性与日俱增。放眼金融、通信、医疗、互联网等领域，越来越多的机构开始自建隐私计算平台。隐私计算技术已进入快速发展阶段，且应用场景不断拓展和深化。下一步，推进各家隐私计算平台的互联互通，应成为行业新趋势。在此背景下，横纵交织的可信数据流通网络将初步呈现。可以预见，借助不断发展壮大的数据流通网络，未来几年隐私计算技术的应用场景将会不断扩张，隐私计算平台也会在多个行业成为支撑数据安全治理和数据要素市场化发展的重要基石，并在其上塑造兼顾价值创造和安全可信的数据产业。

9. 科技伦理研究——可信可控的AI技术能力，将成企业新的竞争优势

AI等技术的快速发展，带来了新的社会伦理问题与风险，引起了世界各国的关注。未来在一个高度智能化和数字化的社会，具备可信可控的AI技术能力，将成为企业新的竞争优势。人们在关注AI技术和应用发展的同时，也必须关注科技伦理研究，让AI发展成为更负责任的技术。坚持以人为本、了解滥用技术可能造成的后果，这样才能避免潜在的安全风险。

10. 科技可持续发展——侧重绿色低碳和可持续发展能力的新技术"优先"

近年来，在可持续发展理念的影响下，促进节能减排和降本增效已成为新技术的重要演进方向。例如，边缘计算兼顾计算的实时性和弹性，能够减少海量数据的传输，节约巨大的数据传输和能源成本；先进计算则从计算理论、架构、系统等多个层面提升现有算力规模、

降低算力成本、提高算力利用效率。未来会有更多侧重绿色低碳和可持续发展能力的新技术突破，这类技术将"优先"被接纳，因其落地应用将有望缓解环保、健康、能源和材料等问题，提升人类生存环境的质量。

Abstract

In 2023, a new round of scientific and technological revolution and industrial transformation will continue to advance in depth, and emerging technologies such as artificial intelligence, big data, cloud computing, and the Internet of Things will continue to lead the direction of economic development, and emerging industries will develop strongly. This report carries out a systematic study on emerging industries from the perspective of overall and classification, which is mainly divided into five chapters: general report, industry, regional, international and policy.

The general report analyzes the development trend of global and Chinese emerging industries since 2023. The analysis shows that at present, China's emerging industries still face the problems of insufficient independent innovation ability, weak international competitiveness, and low integration with other industries. Looking to the future, the scientific and technological revolution and industrial transformation will bring new opportunities for China, the endogenous force of the development of emerging industries will continue to strengthen, and the leading role of the optimization and upgrading of the industrial system will be further enhanced.

The industry report is divided into two parts: research on key emerging industries and research on evaluation index system of industrial chain migration, aiming to provide valuable reference for exploring the development status of subdivided industries. First, seven key areas of emerging industries including new energy, new materials, new energy

Abstract

vehicles and intelligent connected vehicles, industrial robots, biological manufacturing, commercial aerospace and low-altitude economy were selected to systematically analyze the status quo and problems of industrial development. The research shows that the cultivation and growth of emerging industries should be enhanced by enhancing the ability of scientific and technological innovation and achievement transformation, strengthening the market promotion of scene application, accelerating the construction of new infrastructure and strengthening international scientific and technological exchanges and cooperation. The second is to analyze the causes, trends and impacts of China's manufacturing industry relocation, and build an evaluation model of industrial chain migration. Under this framework, the situation and risks of China's manufacturing industry relocation can be comprehensively evaluated, and the migration trends, migration impacts and migration risks of manufacturing industry are determined as first-level indicators, including 13 indicators such as the willingness of leading enterprises and the intensity of manufacturing backflow.

In the regional report, Hebei Province is selected as the research object, and the status quo and countermeasures of the new material industry are analyzed. The analysis shows that Hebei Province, as a large province of raw materials, has increased the scale of the new material industry year by year, but there are still problems such as weak technological innovation ability, lack of high-level talents and low industrial competitiveness. Countermeasures and suggestions are put forward from three aspects: vigorously developing advantageous industries, actively cultivating new material industries, and accelerating the layout of cutting-edge new materials.

The International report analyzes the current situation and trends of attracting international manufacturing migration in Vietnam and Mexico in 2023. Research on Vietnam shows that since 2023, China's electronic information and photovoltaic enterprises have accelerated their layout in Vietnam, and the trend of attracting international investment in Vietnam has not decreased, and the trade orders of Vietnam's exports to Europe and the United States have declined. In order to effectively cope with the migration of manufacturing industry, China should deepen the degree of cooperation between China and Vietnam in the industrial chain and supply chain of manufacturing industry, strengthen the dynamic tracking of international manufacturing migration, and actively expand multilateral international cooperation relations. The research on Mexico shows that the United States has had a great impact on China's "trade export, international competition, and enterprise relocation" by supporting Mexico's development of manufacturing outsourcing. I should actively deploy my own global supply chain, grasp the trend of China-Mexico trade, seize the Asian and European markets, and focus on key areas to jointly optimize the industrial layout at home and abroad.

The policy report analyzes the new characteristics and trends of industrial chain and supply chain policies of the United States, the European Union, Japan, South Korea, India, Vietnam, Mexico and other countries or regions since 2023, and China should make concerted efforts to cope with the latest changes from three aspects: accelerating scientific and technological innovation and achievement transformation, strengthening multilateral international cooperation and exchanges, and improving service guarantee for export-oriented enterprises.

Keywords: Emerging Industries; Industrial Chain; International Manufacturing Industry

Contents

I General Report

B.1 Global and Chinese Emerging Industry Development in 2023
　　　　　　　　　　　　　　　　Sun Feihong, Chang Hongwang / 001

Abstract: In 2023, the global emerging industries show unprecedented vitality, disruptive technology to promote a new round of scientific and technological revolution, emerging markets grow rapidly, global competition intensifies, countries incentive policies frequently, green and low carbon accelerate the ecological remodeling of emerging industries. China's emerging industries are also strong momentum, strategic emerging industry enterprises grow in scale, economic proportion increases, new products, new formats and new models flourish, and the quality of "four chain integration" is improved. But it still faces problems such as insufficient independent innovation ability, lagging application scenario construction, and low industrial integration degree. In the future, it is necessary to accelerate the scientific and technological revolution and industrial transformation, promote new industrialization, focus on biomanufacturing, commercial aerospace, low-altitude economy, and widely apply digital technology and green technology to accelerate the transformation and upgrading of traditional industries.

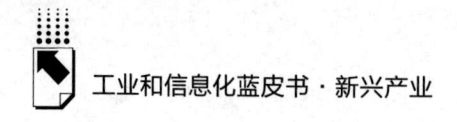

Keywords: Emerging industries; Scientific and Technological Innovation Policy; Scientific and Technological Revolution

II Industry Report

B.2 Research on Development Trends and Countermeasures in Eight Key Areas of Emerging Industries

Mao Zijun, Sun Feihong / 020

Abstract: As a key link in the construction of a modern industrial system, emerging industries play an increasingly prominent role in driving the economy and have become a new engine and new pillar leading the high-quality development of the national economy. Combined with the current policy orientation, this study puts forward eight key areas of emerging industries that need to be cultivated and strengthened: new energy, new materials, new energy vehicles and intelligent connected vehicles, industrial robots, biological manufacturing, commercial aerospace and low-altitude economy. To cultivate and strengthen emerging industries, we should enhance the ability of scientific and technological innovation and achievement transformation, strengthen the market promotion of scene application, improve the enterprise gradient cultivation system, accelerate the construction of new infrastructure, improve the ecosystem of emerging industries, increase the guarantee of key factors, and strengthen international scientific and technological exchanges and cooperation.

Keywords: Emerging Industries; New Quality Productivity; High Quality Development

Contents

B . 3 Research on Evaluation System of Industrial Chain Migration

Li Bin, Bai Yajie and Jiang Hongliang / 036

Abstract: To construct a clear judgment of industrial chain migration and industrial chain risk evaluation paradigm, this paper from migration perspective reseach the reasons, trends and impacts of migration. This paper build the industrial chain migration evaluation model, under this framework, can comprehensive assessment of China's manufacturing industry and risk, the manufacturing migration trend, migration and migration risk identified as first-level indicator, including six secondary indicators such as investment trends, trade structure, econmic operation, export controls, manufacturing reshoring in developed counties, and attraction of potential inbound destinations, and thirteen tertiary indicators including attraction to foreign merchants, industvial expansion abroad, and investment willingness of leading enterprises.

Keywords: Industrial Chain Migration; Evaluation System; Manufacturing Industries

Ⅲ Region Report

B . 4 Research on the Development Path of New Material Industry in Hebei Province

Liu Man, Yao Xuemin, Li Fangfang,
Wen Jingxin and Mao Zijun / 049

Abstract: As one of the emerging industries, the new material industry has huge development potential during the 14th Five-Year Plan period. Hebei Province, as a major province of raw materials, has made certain achievements in high-end iron-based materials, key electronic materials, high-performance composite materials, advanced engineering plastics and other aspects, and has cultivated a number of new materials with large market demand, The policy system is continuously being improved. The scale of the new material industry is increasing year by year. However, there are still some problems restricting the rapid development of the new material industry, such as weak technological innovation ability, lack of high-level talents, and low industrial competitiveness of industrial park. This study proposes suggestions for the development path of new material industry in Hebei Province from three as pects: optimizing the industrial layout, accelerating the construction of a professional talent team, and improving the industrial ecosystem.

Keywords: New Materials; Emerging Industries; Hebei Province

Ⅳ International Report

B.5 Current Situation and Trend of Vietnam Attracting
International Manufacturing Migration   *Mao Zijun / 069*

Abstract: Since 2023, China's electronic information and photovoltaic enterprises have accelerated their layout in Vietnam, Vietnam has maintained its trend of attracting international investment, and its trade orders for export to Europe and the United States have declined. Vietnam attracts international manufacturing migration mainly because it has the advantages of bordering China and being adjacent to the sea, the tariff cost advantage of signing free trade agreements with major economies in the world, the production cost advantage of attracting international investment, and the advantage of stable and continuously optimized policy environment.

Judging from the future, China-Vietnam economic and trade cooperation is more than competition. In order to effectively respond to manufacturing migration, China should deepen the cooperation degree of China-Vietnam manufacturing industry chain and supply chain, strengthen the tracking of international manufacturing migration trends, and actively expand multilateral international cooperation relations.

Keywords: Migration of Manufacturing Industry; Cost Advantage; Industry Vhain and Supply Chain; China-Vietnam Trade

B.6 Status and Trends of Mexico's Attraction to International Manufacturing Migration *Gu Shuang* / 078

Abstract: Mexico has been the number one manufacturing trading partner of the United States since 2023. The global industrial chainsand supply chains are undergoing major adjustments. The United States as the main driver of global supply chain adjustment, is laying out a parallel East-west supply chain system. In the Eastern Hemisphere, the United States accelerated the construction of the Asia-Pacific alternative supply chain to China with Southeast Asia as the core; In the Western Hemisphere, the United States takes the "Partnership for Economic Prosperity in the Americas" as the starting point, vigorously develops "nearshore outsourcing" and "friend-shore outsourcing", and collaborates with Mexico and other countries to build North American manufacturing centers. Through supporting Mexico's development of outsourcing, the United States has had a great impact on our country's "trade export, international competition, enterprise outward migration". I should actively deploy my own global supply chain, grasp the trend of China-

Mexico trade, seize the Asian and European markets, and focus on key areas to jointly optimize the industrial layout at home and abroad.

Keywords: Migration of Manufacturing Industry; North American Manufacturing Industry; China Mexico Trade Relations

V Policy Report

B.7 Policy Trends of Emerging Industries Development in Major Economies Around the World

Li Yang, Gu Shuang and Jiang Hongliang / 083

Abstract: In 2023, the trends in emerging industry development policies a mong major global economies of the United States, the European Union, Japan, South Korea, India, Vietnam, Mexico and other countries or regions will present four major characteristics: First, the United States and the West collaborate to strengthen restrictions on high-tech industries such as my country's semiconductors and artificial intelligence; second, The first is to further enhance the resilience and security of the industrial chain and supply chain, and accelerate the process of de-risking and autonomy. The third is to strengthen key technologies and cutting-edge scientific and technological innovation to ensure technological leadership and seize the commanding heights of competition. Fourth, developing countries such as Vietnam and India have strengthened cooperation with developed countries in the United States and the West, seeking to enhance their status in the global supply chain. my country should make concerted efforts to improve the security and resilience of supply chains in key industrial chains, deeply participate in global industrial division of labor and cooperation, and improve the competitiveness of products in the international market to ensure that it maintains the sustainable development of local industrial chains in global industrial competition and seizes the market share. It will be the commanding heights of future industrial competition and promote high-quality development of the real economy.

Keywords: Emerging Industries; Semiconductors; Artificial Intelligence

社会科学文献出版社

皮 书
智库成果出版与传播平台

❖ 皮书定义 ❖

皮书是对中国与世界发展状况和热点问题进行年度监测，以专业的角度、专家的视野和实证研究方法，针对某一领域或区域现状与发展态势展开分析和预测，具备前沿性、原创性、实证性、连续性、时效性等特点的公开出版物，由一系列权威研究报告组成。

❖ 皮书作者 ❖

皮书系列报告作者以国内外一流研究机构、知名高校等重点智库的研究人员为主，多为相关领域一流专家学者，他们的观点代表了当下学界对中国与世界的现实和未来最高水平的解读与分析。

❖ 皮书荣誉 ❖

皮书作为中国社会科学院基础理论研究与应用对策研究融合发展的代表性成果，不仅是哲学社会科学工作者服务中国特色社会主义现代化建设的重要成果，更是助力中国特色新型智库建设、构建中国特色哲学社会科学"三大体系"的重要平台。皮书系列先后被列入"十二五""十三五""十四五"时期国家重点出版物出版专项规划项目；自2013年起，重点皮书被列入中国社会科学院国家哲学社会科学创新工程项目。

皮书网

（网址：www.pishu.cn）

发布皮书研创资讯，传播皮书精彩内容
引领皮书出版潮流，打造皮书服务平台

栏目设置

◆ **关于皮书**
何谓皮书、皮书分类、皮书大事记、
皮书荣誉、皮书出版第一人、皮书编辑部

◆ **最新资讯**
通知公告、新闻动态、媒体聚焦、
网站专题、视频直播、下载专区

◆ **皮书研创**
皮书规范、皮书出版、
皮书研究、研创团队

◆ **皮书评奖评价**
指标体系、皮书评价、皮书评奖

所获荣誉

◆ 2008年、2011年、2014年，皮书网均在全国新闻出版业网站荣誉评选中获得"最具商业价值网站"称号；

◆ 2012年，获得"出版业网站百强"称号。

网库合一

2014年，皮书网与皮书数据库端口合一，实现资源共享，搭建智库成果融合创新平台。

皮书网　　"皮书说"微信公众号

权威报告·连续出版·独家资源

皮书数据库
ANNUAL REPORT(YEARBOOK) DATABASE

分析解读当下中国发展变迁的高端智库平台

所获荣誉
- 2022年，入选技术赋能"新闻+"推荐案例
- 2020年，入选全国新闻出版深度融合发展创新案例
- 2019年，入选国家新闻出版署数字出版精品遴选推荐计划
- 2016年，入选"十三五"国家重点电子出版物出版规划骨干工程
- 2013年，荣获"中国出版政府奖·网络出版物奖"提名奖

成为用户

登录网址www.pishu.com.cn访问皮书数据库网站或下载皮书数据库APP，通过手机号码验证或邮箱验证即可成为皮书数据库用户。

用户福利
- 已注册用户购书后可免费获赠100元皮书数据库充值卡。刮开充值卡涂层获取充值密码，登录并进入"会员中心"—"在线充值"—"充值卡充值"，充值成功即可购买和查看数据库内容。
- 用户福利最终解释权归社会科学文献出版社所有。

卡号：351569376914
密码：

数据库服务热线：010-59367265
数据库服务QQ：2475522410
数据库服务邮箱：database@ssap.cn
图书销售热线：010-59367070/7028
图书服务QQ：1265056568
图书服务邮箱：duzhe@ssap.cn

S 基本子库
SUB DATABASE

中国社会发展数据库（下设12个专题子库）

紧扣人口、政治、外交、法律、教育、医疗卫生、资源环境等12个社会发展领域的前沿和热点，全面整合专业著作、智库报告、学术资讯、调研数据等类型资源，帮助用户追踪中国社会发展动态、研究社会发展战略与政策、了解社会热点问题、分析社会发展趋势。

中国经济发展数据库（下设12专题子库）

内容涵盖宏观经济、产业经济、工业经济、农业经济、财政金融、房地产经济、城市经济、商业贸易等12个重点经济领域，为把握经济运行态势、洞察经济发展规律、研判经济发展趋势、进行经济调控决策提供参考和依据。

中国行业发展数据库（下设17个专题子库）

以中国国民经济行业分类为依据，覆盖金融业、旅游业、交通运输业、能源矿产业、制造业等100多个行业，跟踪分析国民经济相关行业市场运行状况和政策导向，汇集行业发展前沿资讯，为投资、从业及各种经济决策提供理论支撑和实践指导。

中国区域发展数据库（下设4个专题子库）

对中国特定区域内的经济、社会、文化等领域现状与发展情况进行深度分析和预测，涉及省级行政区、城市群、城市、农村等不同维度，研究层级至县及县以下行政区，为学者研究地方经济社会宏观态势、经验模式、发展案例提供支撑，为地方政府决策提供参考。

中国文化传媒数据库（下设18个专题子库）

内容覆盖文化产业、新闻传播、电影娱乐、文学艺术、群众文化、图书情报等18个重点研究领域，聚焦文化传媒领域发展前沿、热点话题、行业实践，服务用户的教学科研、文化投资、企业规划等需要。

世界经济与国际关系数据库（下设6个专题子库）

整合世界经济、国际政治、世界文化与科技、全球性问题、国际组织与国际法、区域研究6大领域研究成果，对世界经济形势、国际形势进行连续性深度分析，对年度热点问题进行专题解读，为研判全球发展趋势提供事实和数据支持。

法律声明

"皮书系列"（含蓝皮书、绿皮书、黄皮书）之品牌由社会科学文献出版社最早使用并持续至今，现已被中国图书行业所熟知。"皮书系列"的相关商标已在国家商标管理部门商标局注册，包括但不限于LOGO（ ）、皮书、Pishu、经济蓝皮书、社会蓝皮书等。"皮书系列"图书的注册商标专用权及封面设计、版式设计的著作权均为社会科学文献出版社所有。未经社会科学文献出版社书面授权许可，任何使用与"皮书系列"图书注册商标、封面设计、版式设计相同或者近似的文字、图形或其组合的行为均系侵权行为。

经作者授权，本书的专有出版权及信息网络传播权等为社会科学文献出版社享有。未经社会科学文献出版社书面授权许可，任何就本书内容的复制、发行或以数字形式进行网络传播的行为均系侵权行为。

社会科学文献出版社将通过法律途径追究上述侵权行为的法律责任，维护自身合法权益。

欢迎社会各界人士对侵犯社会科学文献出版社上述权利的侵权行为进行举报。电话：010-59367121，电子邮箱：fawubu@ssap.cn。

社会科学文献出版社